特別支援教育コーディネーターの仕事術100

増田謙太郎 著

明治図書

はじめに

　本書は，主に小・中学校の特別支援教育コーディネーターの「仕事術」に焦点を当てています。

　特別支援教育コーディネーターに求められる「仕事術」のキーワードは，「仕組みづくり」と「寄り添い」です。

　校内で特別支援教育を推進していくためには，誰かのファインプレーだけに頼っていてはいけません。学校組織として対応していくことが求められています。「支援が必要な子ども」に，学校組織として対応するためには，誰にとってもわかりやすく，無理がなく，子どものためになる「仕組みづくり」が必要です。

　校内の特別支援教育体制を整えて，仕組み化していく一方で，仕組み化された校内の特別支援教育体制が，形だけのものになっていては意味がありません。校内の特別支援教育体制が子どもたちのために機能し，保護者も安心でき，先生方が無理なく仕事を行えるようになって，はじめて役立つものとなるはずです。

　そのためには，子ども，保護者，そして先生方のニーズにきめ細かに応じていかなければなりません。それぞれの願いやニーズに「寄り添い」ながら，具体的な支援策を考えていく必要があります。

　つまり，特別支援教育コーディネーターの「仕事術」とは，「仕組みづくり」と「寄り添い」の視点をもちながら，校内の特別支援教育体制の質を高めていくために，様々な手を尽くすことです。

　本書では，「仕組みづくり」と「寄り添い」の視点から，特別支援教育コーディネーターに必要な100の「仕事術」を具体的に示しています。

　100の「仕事術」の中身については，2017年3月に文部科学省から示された「発達障害を含む障害のある幼児児童生徒に対する教育支援体制整備ガイドライン」に基づいています。そこでは，以下の役割が示されています。

○学校内の関係者や関係機関との連絡調整
○各学級担任への支援
○巡回相談員や専門家チームとの連携
○学校内の児童等の実態把握と情報収集の推進

この役割について，本書ではさらに具体的に「特別支援教育コーディネーターの仕事術」をわかりやすく編集しました。どこからでも，興味のある箇所からご覧いただければ幸いです。

序章は，「特別支援教育コーディネーターのパワーアップスキル」として，基礎となるべきスキルについて解説しています。

1章は，「校内支援体制構築の仕事術」です。校内のスタッフや学校関係者と連絡調整をしていくための仕事術を取り上げています。

2章は，「会議の仕事術」です。校内委員会やケース会議で必要なスキルについて解説します。

3章は，「書類の仕事術」です。「個別の指導計画」「個別の教育支援計画」という専門性の高い書類づくりのコツをご理解いただけたらと思います。

4章は，「外部機関連携の仕事術」です。学校外の関係機関や専門家と協働していくためにはどのような点に留意すべきかをまとめました。

5章は，「保護者対応の仕事術」です。保護者の「相談窓口」としてのポイントを示しています。

6章は，「引き継ぎの仕事術」です。進学や転学の際のポイントについてお伝えします。

7章は，「担任支援の仕事術」です。担任を支援するとはどのようなことなのかを具体的に取り上げていきます。

8章は，「実態把握の仕事術」です。学校にいる多様な子どもを見取り，アセスメントに生かせるポイントがわかるようにしました。

Contents

仕事術

2章 会議の仕事術

仕事術

3章　書類の仕事術

仕事術

27 最初にするのは「締め切り日」の設定／28 欄を必死に埋めようとしない／29 あくまで "フォロー役" となる／30 書類作成を通して担任のスキルアップを図る／31 計画的に指導しているか，チェックできる仕組みをつくる／32 「個別の教育支援計画」の効果は，すぐには求めない／33 保護者に「一時預かり」をしてもらう／34 共有する方法をルールとして定める／35 学校の実態に応じたファイル管理をする／36 情報共有できる仕組みづくりをする／37 【目標】は，年間指導計画を基にする／38 【手だて】は，各教科の学習指導要領解説を参考にする／39 基本文型「〇〇するために××する」を徹底する／40 「自立活動学習指導要領解説」を参考にする

4章　外部機関連携の仕事術

5章　保護者対応の仕事術

6章　引き継ぎの仕事術

仕事術

67　最大の山場「就学時健康診断」をきっかけとする／68　たくさんある情報共有の場を生かす／69　申請する支援についてリストアップする／70　学習面・生活面は具体的な状況を引き継ぐ／71　少しずつ「本人」が支援を決定できるようにする／72　卒業後も対応できるよう資料を整えておく／73　いくつかのステップを丁寧に踏んでいく／74　よい思い出をつくれるようにする／75　手続きの方法を把握しておく／76　保護者の思いに寄り添った言葉かけをする

7章　担任支援の仕事術

8章　実態把握の仕事術

参考文献

序章

特別支援教育コーディネーターの
パワーアップスキル

■特別支援教育コーディネーターの「秘書力」
■特別支援教育コーディネーターの「つなぐ力」
■特別支援教育コーディネーターの「アセスメント力」
■特別支援教育コーディネーターの「時間管理力」
■特別支援教育コーディネーターの「チーム学校支援力」

特別支援教育コーディネーターの「秘書力」

特別支援教育コーディネーターに求められるスキルで，何が一番必要かと問われたら，私は「秘書力」と答えます。

「秘書」というと，会社などで，お偉い役職の方に仕えて，身の回りのサポートをするというイメージかもしれません。しかし，実際の本当の「秘書」の仕事は，もっとビジネスライクです。

「秘書」の仕事は，上司の補佐をすることです。正確にいうと，上司の「仕事の生産能力を上げるため」の補佐です。ただのお世話係ではありません。「ビジネスとして何を補佐できるか」という視点をもつのが，本当の「秘書」の仕事です。

この視点を，特別支援教育コーディネーターの仕事に置き換えると，特別支援教育コーディネーターの仕事の本質が見えてきます。特別支援教育コーディネーターは，「校内の先生方が，子どもに対して適切な支援を行うことができるように，先生方の補佐をする仕事」です。

特別支援教育コーディネーター自身が，子どもの支援に直接かかわると思っている先生方も多いです。しかし，それは現実的ではありません。

実際に，今，子どもたちの支援を行うのは，担任の先生や，教科を担当する先生方です。学校では，校内のすべての先生方が適切な支援を行うことができるようにしていかなければなりません。特別支援教育コーディネーターは，校内の先生方が，子どもに対して適切な支援を行うことができるように，「先生方の補佐をする」ために設置されているのです。

よく，「私は特別支援教育のことがよくわからないので，特別支援教育コーディネーターの仕事はできません」と言う先生がいます。

もちろん，特別支援教育の知識があった方が好ましいとは思います。しかし，「特別支援教育の専門性」と「特別支援教育コーディネーターの専門性」は必ずしもイコールではありません。

　特別支援教育の専門性があるからといって，特別支援教育コーディネーターの業務をうまくこなせるかというと，そうともいえません。特別支援教育の知識があったとしても，「校内の先生方が，子どもに対して適切な支援を行うことができるように，先生方の補佐をする」ことができなければ，特別支援教育コーディネーターの仕事としては不十分です。

　「校内の先生方が，子どもに対して適切な支援を行うことができるように，先生方の補佐をする」ために，一番有効なのは「秘書力」です。

　秘書は，「上司あっての秘書」といわれます。上司の立場，仕事，人間関係，考え方，性格，好みを熟知することで，ビジネスとしての補佐ができます。秘書自身が「これがよい」と判断して仕事を進めても，上司の考え方にそぐわなければ，秘書の努力は評価されません。かえって信頼を失うことにもなってしまいます。

　特別支援教育コーディネーターの仕事も同じです。特別支援教育コーディネーターは，「先生方あっての特別支援教育コーディネーター」です。その子どもの支援にあたる先生方の立場，仕事，人間関係，考え方，性格，好みなどに配慮していかないと，支援策は「絵に描いた餅」になってしまいます。特別支援教育コーディネーターの自分からしたら「これくらいできるでしょ」という支援策が，経験の浅い担任の先生にはうまくできないことだってあります。

　「秘書力」とは，職業人としての事務処理能力と，社会人としての人間力がその基となります。特別支援教育コーディネーターも，その職務として必要な事務処理能力と，先生方や関係者を適切にコーディネートできるような人間力が，その基となるでしょう。

特別支援教育コーディネーターの「つなぐ力」

　特別支援教育コーディネーターに求められるスキルの２番目には，「つなぐ力」を挙げたいと思います。「コーディネート」とは，「各部を調整し，全体としてまとめること」です。ここから，「つなぐ」イメージが浮かび上がります。

　特別支援教育コーディネーターが「つなぐ」ものは，「人」「物」「場所」の３つで整理するとわかりやすくなります。

【「人」をつなぐ例】
・支援が必要な子どもを，支援の専門家に「つなぐ」
・保護者を，スクールカウンセラーに「つなぐ」

【「物」をつなぐ例】
・その子どもに合った支援策に「つなぐ」
・進学の際に「個別の教育支援計画」を，進学先の学校に「つなぐ」

【「場所」をつなぐ例】
・ケースを校内委員会に「つなぐ」
・支援が必要な子どもを，通級指導教室に「つなぐ」

　「つなぐ」ためには，「仕組みづくり」と「寄り添い」というキーワードを基に考えていくとよいでしょう。

つなぐための「仕組みづくり」のひとつとして，スケジュールや段取りの「見える化」があります。

【「支援が必要な子どもを，支援の専門家（通級指導教室）につなぐ」仕組みづくり例】

・5月○日までに，担任の先生から支援が必要な子どもについて申し出てもらう

　　　↓（特別支援教育コーディネーターが「つなぐ」）

・6月○日に校内委員会で検討する

　　　↓（特別支援教育コーディネーターが「つなぐ」）

・7月○日に教育委員会の担当委員会による判定がある

　　　↓（特別支援教育コーディネーターが「つなぐ」）

・9月○日より，通級指導教室による指導を開始する

　スケジュールや段取りが「見える化」されると，かかわる人たちは，見通しをもつことができるようになります。見通しがもてると，主体的に動けるようになります。そして，特別支援教育コーディネーターにとっても，どのタイミングで自らが「つなぐ」仕事をすればよいのかが，わかりやすくなります。このようなことが「仕組みづくり」です。そして，「校内支援体制」の構築につながります。

　しかし，「このような仕組みだから」といって，特別支援教育コーディネーターが事務的，機械的，一方的に進めると，摩擦や軋轢，誤解が生じてしまいます。

　特別支援教育コーディネーターは，その都度，子どもや保護者，担任の先生などの思いをくみとりながら進めていくことが望まれます。

　そうすることによって，今後の支援に質的な差が出てくるでしょう。これこそが，特別支援教育コーディネーターによる「寄り添い」です。

特別支援教育コーディネーターの「アセスメント力」

特別支援教育コーディネーターに求められるスキルの3番目には「アセスメント力」を挙げたいと思います。

「アセスメント」という言葉は，特別支援教育でよく使われます。特別支援教育における「アセスメント」とは，まず，子どもの様子や背景の「見取り」をすること。次に，見取った情報をいくつか集めて「実態把握」をすること。そして，「実態把握」から，どのような支援が必要なのかを考えること。この一連の流れを「アセスメント」といいます。

例えば，小学校1年生のAさんの事例について見てみましょう。

担任の先生はこのような「見取り」を行っています。

【担任の先生の見取り】

　クラスでは，3日に一度くらいのペースで，大きな声を出して，教室から飛び出すことがあります。

担任の先生は，クラス全体の授業を進めていかなければならないので，Aさんの「教室から飛び出してしまう」行動に，どう対応したらよいのか困っている状況です。しかし，担任の先生の「見取り」だけでは，子どもの「実態把握」としては不十分です。なぜなら，担任の先生の目からしか見ていない，一面的な情報だからです。他にも，いろいろな角度から「見取り」の情報を集めていくと，子どもの「実態把握」ができるようになります

【養護教諭の見取り】

　Aさんは，落ち着かなくなると，保健室に来室しています。いすに座

ってクールダウンすることを自分でしています。落ち着くと，ひとりで
教室に戻っていきます。

【スクールカウンセラー（SC）の見取り】
　Aさんは，休み時間にBさんから嫌なことを言われると言っています。
嫌なことを言われた後は，怒りが収まらないようです。

【スクールソーシャルワーカー（SSW）の見取り】
　母親が病気のため，入退院を繰り返しています。父親は仕事で帰りが
遅いことが多いです。Aさんがひとりで家にいる時間が長いようです。

　このように，Aさんにかかわっている人たちから情報を集めていくと，A
さんのより正確な「実態把握」ができるようになります。
　この「実態把握」を基にどのような指導や支援が有効かを考えていきます。

【Aさんのアセスメント例】
・Bさんとの関係だけでなく，クラス全体で「友達とのかかわり方」の
　指導ができるのではないか
・Aさんは，自立活動の「人間関係の形成」の指導が必要かもしれない。
　通級による指導を考えたらどうか
・家庭においては，福祉サービスが必要なのではないだろうか

　この一連の流れが「アセスメント」です。そして，「アセスメント」を進
めていく中心に，特別支援教育コーディネーターがいます。

特別支援教育コーディネーターの「時間管理力」

特別支援教育コーディネーターに求められるスキルの4番目には「時間管理力」を挙げたいと思います。

地域や学校によっては，学級担任や授業を担当しない，専任の特別支援教育コーディネーターがいるところもあります。しかし，特別支援教育コーディネーターの多くは，担任や教科の教員，養護教諭等と兼務している先生ではないでしょうか。たとえ専任の特別支援教育コーディネーターであったとしても，他の職務も兼ねて仕事をしているでしょう。

ですので，時間管理力を身につけることが，特別支援教育コーディネーターの「仕事術」を支えていきます。

【短時間打ち合わせを繰り返す】

「ちょっと先生，1分だけいいですか？」

1分間でも，教員間で情報交換をしたり，簡単な打ち合わせをしたりすることができます。これだけでも，やらないよりは効果があります。

特に朝の時間などは，みんなが忙しくしています。1分でも30秒でも，時間を大切にして，打ち合わせができるようにしていきましょう。

【管理職には「一報」を】

管理職には「報連相」することが大切です。「報」は「報告」のことですが，「報告」よりもさらに短い「一報」を入れるという習慣をつけていくとよいでしょう。

「一報」も，しないよりはした方がよいにきまっています。

【校内の移動時間を減らす】

　学校という建物は，巨大です。

　職員室から，自分の担任する教室まで何分かかるか，ご存じでしょうか？

　近い方でも最低1分，職員室から離れている教室だと3～5分歩くこともザラにあると思います。

　なるべく校内の移動時間を減らすためには，ムダに行ったり来たりしないことです。1か所で，用事をまとめてすますことができるようにしましょう。

【長いおしゃべりは終了時刻を決めて】

　教員間で話をすることは，情報交換という意味でも，お互いの理解という意味でも，とても大切なことです。

　とはいえ，ついおしゃべりに花が咲いてしまいがちなのも，「教員あるある」ではないでしょうか。

　「16時30分になったら，職員室の席に戻ろう」と，自分の中で終了時刻を決めておくことができるようになるとよいでしょう。「自分の中で決めるだけ」ですから，別に宣言しなくても，スッと職務に戻ればよいのです。時間管理ができている自分が素敵に思えるようになってくるかもしれません。

【隙間時間にできる仕事を用意しておく】

　教員の仕事は，時間がかかる仕事もありますが，短時間でできる仕事もたくさんあります。数枚の資料の印刷とか，ゴミ袋をもらいに行くとか，資料をファイルに入れるとか，これらはわずかな時間でできます。

　こういう短時間でできる仕事を，いくつかメモに書き出しておいて，ちょっとした「隙間時間」に行うと，時間の節約になります。

　細かい仕事も，積もり積もれば，時間泥棒に変身します。

　特別支援教育コーディネーターという，大きな職責を抱えている先生がうまく時間をやりくりしている姿は，もしかしたら他の先生にも影響を与えるかもしれません。

特別支援教育コーディネーターの「チーム学校支援力」

　特別支援教育コーディネーターに求められるスキルの5番目には「チーム学校支援力」を提案します。

　子どもの支援を保障するのは，最終的には「特別支援教育」ではなく，「特別支援教育を支えるチーム学校の力」と考えます。

　学校は「組織」で動いています。

　東京都の学校だと，校長・副校長・主幹教諭・主任教諭・教諭というように教員の職層があります。この職層のどこに，特別支援教育コーディネーターが位置するのかは，特に決まっていません。

　職層は，物事を組織的に処理していくための指揮系統が明確になります。指揮系統がはっきりしていると，上位者が下位者に対しての職務命令を出しやすくなります。また，教員としての資質・能力を向上させるために，上位者が下位者に対してのOJT（オンザジョブトレーニング）を効果的に進めやすくなります。「上位者から下位者」への流れは，トップダウン型の組織マネジメントといえるでしょう。

　一方で，実際の教育活動は，リアルな子どもたちの実態，保護者の声，教職員の思いを無視して進めていくわけにはいきません。これら，組織における下位者の意思から問題解決を図っていくことは，ボトムアップ型の組織マネジメントといえるでしょう。

　特別支援教育コーディネーターという存在は，トップダウン的にもボトムアップ的にも機能することのできる職務であるといえます。

　特別支援教育コーディネーターが，校内の特別支援教育体制を構築していくためには，「仕組みづくり」をトップダウン的に進めていかなければなら

ない場合もありますし，子どもや保護者，教職員の思いに寄り添うボトムアップ的な動きをしていかなければならないこともあるでしょう。

　ですので，特別支援教育コーディネーターの動きが，トップダウン的にもボトムアップ的にも機能するユーティリティ性を発揮することで，「チーム学校」としてのまとまりを高めることに寄与できるかもしれません。

　「チーム学校」としてのまとまりが弱い学校では，仕事の「丸投げ」や「押しつけ合い」が頻繁に起こります。仕事の「丸投げ」や「押しつけ合い」は，組織のモチベーションを下げるだけでなく，結果として，子どもたちへの教育や支援の質が低下することにつながるでしょう。

　「特別支援教育」に関する考え方や手法，支援の在り方等は，わずか数年で大きく変わることがあります。最近では，学習指導要領が改訂され，特別支援学級や通級指導教室を利用する子どもの「個別の指導計画」や「個別の教育支援計画」の作成が義務化されるようになりました。何かしらの変化が起こるたびに，学校では新たな校内支援体制の構築を図っていかなければなりません。

　このような変化に対応し，乗り越えていくためにも「チーム学校」としてのまとまりがますます重要になっているのかもしれません。

　管理職の先生も，「チーム学校」の一員。経験の浅い初任者教員も，「チーム学校」の一員。非常勤の先生だって，スクールカウンセラーだって，ボランティアの方だって，「チーム学校」の一員。一緒に子どもと向き合い，喜怒哀楽を共にする。特別支援教育コーディネーターの動きが，「チーム学校」を支援していける可能性があるのです。

　子どもの支援がうまく機能してきたとき，担任の先生だけの手柄とするのではなく，その支援に関係したすべての教職員がお互いに「私たち，よくがんばったよね！」となる感覚をつくることなのだと思います。それが，「チーム学校の力」であり，特別支援教育コーディネーターの「チーム学校支援力」でもあります。

1章

校内支援体制構築の仕事術

- ■特別支援教育コーディネーターの仕事が成立する方法
- ■「通級による指導」につなげる方法
- ■スクールカウンセラー（SC）と協働する方法
- ■スクールソーシャルワーカー（SSW）と協働する方法
- ■支援員と協働する方法
- ■研修会を企画・運営する方法
- ■理解教育を進める方法
- ■「交流及び共同学習」を進める方法
- ■リソースを活用する方法

特別支援教育コーディネーターの仕事が成立する方法

 「ありがとう」を口ぐせにする

「特別支援教育のことは，特別支援教育コーディネーターである私ががんばらないといけない。他の先生は忙しいから……」

責任感の強い特別支援教育コーディネーターほど，校内の特別支援教育は「私がやらなきゃ」と思ってしまうかもしれません。

しかし，それは間違いです。

まず，特別支援教育コーディネーターだけが意気込めば，他の先生方は「じゃ，全部お任せね」と，なりがちです。「特別支援教育コーディネーターにお任せ」では，校内の特別支援教育体制の推進はできません。

そして，特別支援教育コーディネーターの業務が過重になっていきます。業務が過重になればなるほど，やるべきことは滞り始めます。その都度の対応では，「校内支援体制の構築」は一向に進みません。

特別支援教育コーディネーターは，校内の特別支援教育に関する業務を，自分ひとりで抱えようとするのではなく，人，物，場所を「つなぐ」ものだと心得ましょう。「つなぐ」ためには，「お願いする」ことが多くなります。「お願いする」には，感謝の気持ち「ありがとう」が基本です。

「○○先生，いつもありがとうございます！」

特別支援教育コーディネーターをやっていると「ありがとう」が口ぐせになります。「ありがとう」が口ぐせになれば，特別支援教育コーディネーターとして一人前です！

仕事術 02 「仕組みづくり」と「寄り添い」で 仕事を進める

【特別支援教育コーディネーターが職員会議で発言する例】
・「個別の指導計画」は，4月30日までに作成してください
・校内委員会は，毎週，木曜日の15時から行います

締切日の設定や，会議の開催時刻の決定など，細かいことから「校内支援体制構築」のための「仕組みづくり」は始まります。

【よくある「形だけ」特別支援教育が推進されている例】
・「個別の指導計画」は作成しています。でも，何も活用されません
・校内委員会は定期的にやっています。でも，ただ報告するだけの場です

細部をおろそかにした「仕組みづくり」を行っていくと，「形だけの仕組み」になってしまうことがあります。「形だけ」特別支援教育が推進されていても意味はありません。

【「寄り添い」ながら特別支援教育を推進している例】
・「個別の指導計画」，何か書きにくいところはないですか？
・今度の校内委員会，どのような話し合いになるとよいですか？

トップダウン的な「仕組みづくり」と，ボトムアップ的な「寄り添い」のバランスが仕事術の肝です。この両方を意識していくことによって，特別支援教育コーディネーターの仕事は成立するのです。

「通級による指導」につなげる方法

仕事術 03 「担任が」ではなく「子どもが」の視点をもつ

　子どもたちが自分のクラスで学習を進めるだけではなく，必要に応じて「多様な学びの場」を利用していけるように整備していきます。それも「仕組みづくり」のひとつです。

　通常の学級の子どもが利用できる「多様な学びの場」の代表的なものに，通級指導教室があります。

　通級指導教室を利用する子どもの数は，年々増加傾向にあります。増加傾向になってきた，ということは，「支援が必要な子どもに対して，その子どもに必要な学びの場が整備できるようになってきた」ということでもあります。

　つまり，学習面や生活面で「支援が必要な子ども」を，通級指導教室で支援できる「仕組みづくり」が進んできているということです。

【よくある「担任の先生が困っている」例】

・この子どもは，勉強が遅れて困っています。通級でみてください

・この子どもは，他の子どものじゃまばかりして困っています。通級に行かせてほしいです

　本来であれば，担任の先生の声には，寄り添うことが大切です。しかし，特別支援教育コーディネーターとしては，「通級の目的として妥当かどうか」

をよく見ていくことが大切です。

　通級指導教室は「担任が困っているから」利用するところではありません。「子どもが困っているから」利用できるところです。

【よくある「子どもが困っている」例】
・担任の授業の進め方がわかりにくいから，子どもが困っている
・学級経営が不安定だから，子どもが困っている

　このような「子どもが困っている」例は，子どもの問題というよりは，担任の先生の授業の問題であり，学級経営の問題です。

　通級指導教室を利用できるのは，シンプルに「子どもが困っている」からです。担任の先生の力量の問題で「子どもが困っている」のは，「子どもに責任を転嫁している」だけです。

　ですので，特別支援教育コーディネーターは，客観的な目でもって，あくまでも「子どもが困っている」状況を改善するために通級による指導を利用できるようにするということを校内で共通理解できるようにしていかなければなりません。

仕事術 04　大雑把ではなく，「実現可能」な指導目標を立てる

　通級指導教室は，子どもの「学習上または生活上の困難」を改善するための「多様な学びの場」のひとつです。

　「学習上または生活上の困難」の状態は，子ども一人ひとりで異なります。子どもによって，通級指導教室で何を指導目標にするのかは異なります。

　まず，通級指導教室で何を指導目標にするのかを明確にすることが求められます。

【よくある通級指導教室での「大雑把な」指導目標例】
・情緒の安定を図る
・コミュニケーション能力の向上を図る
・学習の遅れを改善する

　このような「大雑把」な指導目標では，子どもの「学習上または生活上の困難」を改善できる見込みは薄くなるでしょう。

　例えば，「情緒の安定を図る」というのは，もしかしたら，一生涯をかけて改善・克服していかなければならない課題かもしれないからです。

　通級指導教室を利用することのできる時間は，最大でも週に8時間程度です。その時間内で改善を図ることのできるような指導目標を考えていくことが基本です。

【通級指導教室での「実現可能」な指導目標例】
・気持ちが落ち着かないときにヘルプを出すことができる
・筆談など話し言葉以外のコミュニケーション手段をとれるようになる
・自分に合った漢字の覚え方を理解する

　このように，「実現可能」な指導目標を立てることで，通級指導教室でステップを踏んで学習することができるようになります。

　担任の先生と通級指導教室の先生が連携して指導目標や学習内容を設定できるように，特別支援教育コーディネーターが調整していくとよいでしょう。例えば，このシートのように，担任の先生と通級指導教室の先生相互で，子どもの目標設定ができるようにしていく方法があります。

名前 _____

○○教室 卒業目標	自分の考え	イライラした時のすごしかたを知る
	担任の先生 の考え	気持ちが落ち着かないときに、ヘルプを出すことができる。

○○教室で勉強すること	
ステップ ①	自分の「よいところ」を探してみよう
ステップ ②	みんなといるときのルールを考えよう
ステップ ③	「安心」できる方法を見つけよう
ステップ ④	いやなときの気持ちの伝え方を練習しよう
ステップ ⑤	ヘルプを出してみよう

○○教室で学習する内容

① 健康について （健康の保持）	何時に寝るか起きるかがわかること ／ 出かける前の支度ができること ／ ごはん・給食を食べること ／ ひとりで着替えをすること ／ 季節に合った着替えをすること ／ もちものを整理すること ／ 忘れ物をしないこと ／ 自分の健康状態が分かること ／ 健康状態が悪い時に伝えること ／ 薬を忘れずに飲むこと ／ 健康管理ができること
②自分の特徴や 気持ちについて （心理的な安定）	教室ですごすこと ／ 教室で勉強すること ／ イライラした時のすごしかたを知ること ／ 安心の仕方を知ること ／ いろいろなことに チャレンジすること ／ 自分で自分を励ますこと ／ 自分の（長所・短所）よさ・直したいところを知ること ／ 自分の得意なこと・苦手なことを知ること ／ 苦手なことの対処方法を見つけること ／ やる気になること
③人とのかかわり方 について （人間関係の形成）	担任の先生と話をすること ／ 人の気持ちを知ること ／ 人の行動の意味を知ること ／ ルールやマナーを知ること・守ること ／ 我慢すること ／ 活動に参加すること ／ 自分がどう見られているのかを知ること ／ 活動で自分の役割を知り、果たすこと ／ 最後まで活動に参加すること ／ アドバイスを聞くこと ／ 言葉の本当の意味を知ること ／ 勝敗を受け入れること
④環境や感覚について （環境の把握）	見ること（文字 ／ 図形 ／ 動き ／ その他） ／ 聞くこと（正しく聞く ／ 聞いて覚える ／ 話の内容が分かる） どうしたらよいかがわかること ／ 集中すること ／ 必要なものを選ぶこと ／ 自分に合った道具を見つけること ／ 時間をみて動くこと ／ 広さなど場所に合わせて動くこと ／ 正しい漢字を書くこと ／ 人とのちょうどよい きょりが分かる
⑤自分の身体 について （身体の動き）	正しい姿勢でいること ／ 字を書くこと ／ 絵を描くこと ／ ものを作ること ／ 体を動かすこと（運動すること） ／ 力を調整すること ／ 見本と同じ動きをすること ／ 指示を聞いて指示通りに動くこと ／ 人や物にぶつからず動くこと ／ ものを使って 体を動かすこと ／ ものを操作すること（ボール・ラケット・縄など） ／ 見本と同じものをつくること
⑥言葉やコミュニケーション について （コミュニケーション）	自分のしたいことを 伝えること ／ 自分のしたくないことを 伝えること ／ できないことに ヘルプを出すこと ／ 人の話を聞いて内容が分かること ／ 人の話を聞いて、それに合った返事をすること ／ 自分の考えを伝えること ／ 自分の気持ちを伝えること ／ 人と会話すること ／ 言葉・文章の意味が分かること ／ 伝えたいことを文章にすること ／ 相手に合わせて使う言葉を変えること ／ 状況に合わせて話したり聞いたりすること ／ 言いたいことを我慢すること

東京都東村山市の通級指導教室（特別支援教室）の大塚まり先生作成のシートを参考に作成

スクールカウンセラー（SC）と協働する方法

仕事術 05 「教員の都合優先」の「つなぎ方」を改める

【スクールカウンセラー（SC）の学校での立場】
・スクールカウンセラーは「一人職」のことが多い
・スクールカウンセラーは教育を専門とする職種ではない
・スクールカウンセラーにとって学校という職場は「アウェーな環境」

　先生方が，いわゆる「保護者対応」に神経を使うのと同じように，スクールカウンセラーは学校において「教員対応」に神経を使っています。

　校内支援体制を構築していくためには，「チーム学校」であることが必要です。教員だけではなく，スクールカウンセラー等，多様なスタッフが力を出し合っていける雰囲気のある学校でなければなりません。

　とはいえ，学校ではまだまだ「通常の学級の教員」の都合が大きく優先されているのが現状ではないでしょうか。

【よくある「通常の学級の教員」の都合が優先されている SC への依頼例】
　「あの子がいると授業が進まないので，相談室でみていてください」

　スクールカウンセラーは，心理職の専門家として，学校に配置されていま

す。このような依頼は，「教員の都合優先」と言わざるを得ません。

仕事術 06 情報交換の仕方をあらかじめ決めておく

【スクールカウンセラーの専門性を理解した上での依頼例】
「あの子どもが授業に参加できない理由を，みていただいて後で教えていただけますか？」

特別支援教育コーディネーターは，スクールカウンセラーへの依頼の仕方，つまり「つなぎ方」について，校内の教員で共通理解を図れるようにするとよいでしょう。また，スクールカウンセラーと協働していくために，情報交換がしやすくなる「仕組みづくり」も考えていけるとよいです。

スクールカウンセラーが子どもや保護者から知り得た情報を，先生方にどうやって伝えるか。先生方がもっている情報をどうやってスクールカウンセラーに伝えるか。情報共有の「仕組みづくり」を整えることが，特別支援教育コーディネーターの仕事となります。

本来なら，顔を合わせての打ち合わせの時間や情報共有の時間をとれるとよいです。しかし，現実的にはなかなか時間がとれません。

シンプルな方法として，特別支援教育コーディネーターとスクールカウンセラーの間で「情報共有ノート」を作成するのはどうでしょうか。お互いに知り得た情報をメモしていき，交換日記のようにするのです。

「情報共有ノート」をさらに拡大して，スクールカウンセラー，養護教諭，管理職との間でも供覧できるようにしておくと，関係者の情報共有がスムーズになります。

スクールソーシャルワーカー（SSW）と協働する方法

 「登校支援」だけではないかかわりをもつ

　スクールソーシャルワーカーは，家庭支援のプロです。学校の先生が対応に苦慮する部分を助けてくれる，とても心強い専門家です。

　具体的に，スクールソーシャルワーカーに期待される仕事として，子どもたちの「登校支援」があります。朝，なかなか学校に来ることができない子どもの家庭にお迎えに行ってもらっています。

　しかし，ただ子どもを学校に連れてくればよい，というのならスクールソーシャルワーカーの専門性は必要ありません。

　その子どもが「なぜ登校できないのか」というところがポイントになります。その大きな原因が，家庭にあるのであれば，家庭を含めてサポートしていくのがスクールソーシャルワーカーの専門的な仕事となります。

　しかし，その子どもが登校できない原因が「授業がつまらないから」「クラスがつまらないから」というように学校にある場合，スクールソーシャルワーカーは困ってしまいます。これは教員が，授業改善なり，学級経営の改善なりを考えていかなければなりません。

　「登校支援」はスクールソーシャルワーカーの数ある業務の中のひとつです。もちろん，教員だって数ある業務をたくさんこなしています。それぞれの専門性を互いに尊重しながら仕事を進めていけるような「仕組みづくり」をしていくことが求められます。

子どもの命を救うために情報共有をする

　スクールソーシャルワーカーは，保護者と信頼関係を構築していきながら，家庭支援を行います。そのプロセスにおいて，スクールソーシャルワーカーは保護者から，学校の先生方に対する不満や悪口，噂話の類をたくさん聞いています。その中には，スピーディーに対応すべき案件もあります。

【すぐに管理職に報告すべき「教員」案件例】

・子どもが先生から体罰を受けた

・子どもが先生に性的ないたずらをされた

　逆に，家庭での虐待が疑われる情報を，スクールソーシャルワーカーが家庭からつかんでくることもあります。

【すぐに管理職に報告すべき「家庭」案件例】

・母親が食事を与えていないようだ

・夜中に子どもだけで外を歩いているようだ

　このようなケースもまた，すぐに管理職に相談するようにした方がよいでしょう。スピーディーな対応，そして被害にあった子どもを守るための行動が大原則です。

　このようなときに適切な判断や対応を進めていくことができるようになるためには，スクールソーシャルワーカーとの日常的な情報共有の「仕組みづくり」が必要です。

支援員と協働する方法

 仕事術 09 すれ違う瞬間に情報交換をする

　「指導員」「介助員」「補佐員」「○○講師」など，学校によっていろいろな名称があると思いますが，ここでは，ボランティアではなく，仕事として子どもの学習支援や生活支援を主に担当するスタッフのことを総称して「支援員」とします。

　子どもと近くで接することが，支援員の仕事の大きな特徴です。子どもの対応に手を焼いていることも多いです。そして，子どもの対応だけでも難しいのに，担任の先生の授業のじゃまにならないようにと，気をつかいながら仕事を進めている存在でもあります。

　そして，子どもと近くで接している分，支援員は，担任の先生よりも，子どもの"ナマ"情報を豊富にもっています。

　子どもの"ナマ"情報とは，「今日の休み時間は何をして過ごしていたか」「友達と何があったか」「学習のどこにつまずいているか」等，リアルタイムで変化していく最新情報です。

　本来なら，担任の先生と支援員が，子どもの情報共有や，授業時の打ち合わせのための時間を確保できればよいのですが，そのような時間がなかなか確保できないのが，現実です。どの学校でも共通の悩みでしょう。

　しかし，子どもの"ナマ"情報は，貴重な情報です。例えば，全校朝会時や，廊下や校庭などでちょっとすれ違ったときなどに，支援員と話す機会をつくっていきましょう。

仕事術 10 配付物を渡すついでに情報交換をする

とはいえ，廊下や校庭などでは話せないこともたくさんあるでしょう。子どもの目もありますし，お互いに忙しくしていることも多いからです。

しかし，支援員とよりよく協働していくためには，ちゃんと話ができるような「仕組みづくり」を考えていかなければなりません。

それでは，支援員が特別支援教育コーディネーターのところに話に来ることができるような仕組みをつくってしまいましょう。

一番簡単なのは，支援員に渡す「学校のおたより」等の配付物を，特別支援教育コーディネーターから渡すようにすることです。特別支援教育コーディネーターの職員室のデスクの脇に，「支援員おたよりボックス」をつくるのはどうでしょうか。

支援員には，毎日放課後に，特別支援教育コーディネーターのところに，配付物をとりに行くように決めてしまいます。そうすれば，必ず1日に一度は特別支援教育コーディネーターのところに立ち寄ることになります。支援員はむやみに職員室に入ることははばかられますが，これなら支援員にとっても，特別支援教育コーディネーターとかかわりをもちやすくなるでしょう。

もちろん，特別支援教育コーディネーターが不在のこともあって当たり前です。タイミングがうまく合ったときに情報交換をするくらいでよいのです。この「仕組み」があるのとないのとでは大違いです。

これは，特別支援教育コーディネーターが行うことに意義があります。特別支援教育コーディネーターの立場で話を聞くことで，担任の先生には話しにくいことも，話せるようになるかもしれないからです。支援員が今後の仕事に前向きに取り組むことができるように，「寄り添い」ながら話を聞きましょう。

研修会を企画・運営する方法

 11 まずは「校内のニーズ」を考える

校内のニーズ	適任な講師候補
特別支援教育を校内の教育課程全体にどのように位置づけるか	指導主事 大学教員
子どもの見立てをどのように行うか	公認心理師（スクールカウンセラー）
障害をどのように理解したらよいか	医師 大学教員
生活を含めた支援をどのように行っていくか	自治体の福祉担当課 スクールソーシャルワーカー
家庭と学校がどのように連携していくか	卒業生保護者
子どもの将来に必要なことは何か	特別支援学校進路担当教員 福祉作業所の職員
授業や学級経営をどのように行っていけばよいか	学校教員（経験者含む）
理解教育をどのように進めていけばよいか	社会福祉協議会 障害者スポーツの指導者

　校内で研修会を開催する際には，漠然と「特別支援教育の研修会」というイメージで設定してはいけません。

　まずは，具体的な「校内のニーズ」は何かを考えること，そしてそのテーマに応じた「適任な講師」を見つけることが大切です。もし先に講師が見つかった場合は，その講師が専門とするテーマの研修会を行うこともできるでしょう。

仕事術 12 自分の学校だけでなんとかしようと思わない

　大切なことは，形だけの「研修会を開く」ことではなく，「研修会を開いて校内の特別支援教育体制を充実させる」ことです。「明日から使える」内容でないと費用対効果の点からも意味がありません。

　研修会講師の立場からしても，仕事を引き受けるのはよいけれども，「校内の特別支援教育の充実を図りたい」のような大まかなテーマだと，いったい何を話したらよいのやら，結局は無難な話でまとめてしまいがちです。

　基本的に，校内の研修会はより学校の実態に応じた具体的な内容の研修会になるようにしましょう。例えば，具体的な子どもの事例を基にケーススタディをしたり，地域にはどのようなリソース（資源）があるのかを知ったりすることのできる内容だと，より「明日から使える」研修会となるでしょう。

　一方，多忙を極める学校において，自分の学校だけで研修会を行うのは大きな負担となりますので，近くの学校と「合同研修会」のような形をとることもできます。例えば，同じ中学校区にある小・中学校との合同研修会にすれば，地域として同じ歩調で特別支援教育を進めていけるというメリットもあります。

　また，外部の研修会を活用するのもよい方法です。特別支援教育コーディネーターが研修会情報をとりまとめていくとよいでしょう。

　特別支援学校教諭免許取得のための免許法認定講習を活用すると，単位をとっていくことで，特別支援学校教諭免許が取得できます。

　「特別支援教育士（S.E.N.S）」は民間資格ですが，通常の学校における特別支援教育の専門性を高めるための内容が充実しています。講座を受講して，試験に合格すると「特別支援教育士」に認定されます。詳しくは「一般財団法人　特別支援教育士資格認定協会」のホームページを参考にしてください。

理解教育を進める方法

仕事術 13 理解教育では「人」に焦点を当てる

　一般的には「障害理解教育」といわれます。ここでは，あえて「理解教育」としています。

　「障害理解教育」については，「障害理解」と「障害者理解」とが混同されがちです。この2つは，焦点を当てる対象が異なります。

　「障害理解」は，「『視覚障害』とは，見ることに障害のある人のことである」のように，「障害」そのものに焦点が当たります。よく発達障害のあるクラスの友達を理解するために，「LDとはどんな障害か」というようなことに取り組もうとする実践もありますが，小学生の発達段階ではなかなか難しいです。また，もっと重要なことは，教師の障害観，つまり「障害とは何か」という見解が問われます。個人の障害観を授業の場で語ることは，とても無理があります。きわめて高い専門性が要求されるでしょう。

　一方，「障害者理解」だと，「この人は，困っている状況にある。それでも，こういう生き方をしている」「こんなことは苦手だけれど，別のこんなことではすばらしい力を発揮している」のように，「人」に焦点が当たります。こちらは，小学生の発達段階にも応じることができますし，いろいろな考え方を促すことができます。「みんな違うけれど，みんないいところがあるよね」というクラスになれば，発達障害のあるクラスの友達を受容できるあたたかいクラスづくりができるようになります。

　特に小学校段階では，「道徳科」「総合的な学習の時間」等の授業で，障害

"者"理解教育を軸に進めていくとよいでしょう。

　例えば「総合的な学習の時間」では、アイマスクをして視覚障害のある人の疑似体験をしたり、車いす体験をしたりして、「こういうふうにしたらもっとみんなが暮らしやすい社会になるのにな」と、社会にあるバリアについて探究していく学習などが考えられます。

　特別支援教育コーディネーターの仕事としては、学校の年間指導計画を見直して、障害"者"理解教育が教育課程に位置づいているかどうかをチェックしていきましょう。

仕事術 14 本人の「自己理解」「障害受容」は関係者と連携する

> **【よくあるご相談】**
> 「障害のある子どもの、自分自身の障害についての理解はどのように進めていけばよいのですか」

　いわゆる「自己理解」「障害受容」と呼ばれるものです。

　結論からいうと、これは子どもの障害の程度や発達段階によって大きく異なるので、学校でどのように進めていけばよいかについては、一概にはいえません。

　むしろ、学校だけではできないということを押さえておくとよいでしょう。つまり、保護者や、医療、心理等の関係者の意見を聞きながら進めていくものです。

　慎重に進めていかなければならないものだからこそ、日頃から、関係者との連携を大切にしておくとよいでしょう。

「交流及び共同学習」を進める方法

仕事術 15 「共同」と「協働」の違いを理解する

　「交流及び共同学習」については，「障害のない幼児児童生徒との交流及び共同学習の機会を設け，共に尊重し合いながら協働して生活していく態度を育むようにすること」と，学習指導要領に示されています。

【「共同」と「協働」の違い】
　「共同」とは，「コミュニティ」
　「協働」とは，「コラボレーション」

　この2つの言葉の違いに基づくと，「交流及び共同学習」とは，子どもたちの「コミュニティをいろいろな人とコラボレーションしながらつくっていく学習」ということができます。それが，これからの「共生社会」の実現に向けての大きな一歩となるわけです。

　障害のある子どもと障害のない子どもが，同じコミュニティで共生していくわけですから，子ども時代も，可能な限りできるだけ「同じ場で共に学ぶ」ことが理想的です。どちらかがいわゆる「お客様」の状態ではなく，お互いがコラボレーションしながら学んでいくということです。

　「交流及び共同学習」の学習指導案では，「仲良くする」ことを目標としているものをよく見かけます。もちろん「仲良くする」ことは大切ですが，結果として「仲良くする」ことができるようになることがコミュニティ形成の

資質・能力の育成につながります。

仕事術 16 教育課程に位置づいているかを確認する

　「交流及び共同学習」は，学校に特別支援学級があれば，その学級と通常の学級の間で行うことができます。

　また，特別支援学級がない学校でも，地域の特別支援学校と「交流及び共同学習」をすることができます。特別支援学校の子どもが，自分の居住地の学校で一緒に活動することも考えられます。（東京都では「副籍」として制度化されています）

【「交流及び共同学習」の実践例】

・学級単位でのイベント的な行事や体験学習を行う

・〈特別支援学級〉お互いの授業に参加したり，給食を一緒に食べたり，運動会などの行事を一緒に行ったりする

・〈特別支援学校〉放課後に学校のおたよりをもってきて「おたより交換」をしたり，展覧会で一緒に作品を展示したりする

　特別支援教育コーディネーターは，学校の教育課程や年間の教育計画に，そのような取り組みを位置づけ，仕組み化するとよいでしょう。学校が組織的に「交流及び共同学習」を進めていることが大切です。

リソースを活用する方法

 仕事術 17 「こんな支援がほしい」をリストアップする

　「リソース」という言葉も，特別支援教育ではよく使われる言葉です。「資源」というニュアンスです。

　学校の先生はただの労働者ではなく，学校の「リソース」として見ることができます。同様に，保護者や，地域のボランティアの方々も，子どもたちの成長のためには欠かせない，貴重な「リソース」となるわけです。

　校内支援体制の構築という「仕組みづくり」を進めていくためには，「リソースの活用」が大きなポイントとなります。自分の学校でリソースとなりうる人材にはどのような方がいるのか，そのリソースである人材をどのような場面で活用していけるのかを考えていくと，校内支援体制が充実していきます。つまり，校内支援体制とは，支援を必要とする子どもたちへの対応を，リソースを活用して取り組んでいる体制であるともいうことができます。担任だけがすべてを丸抱えすることでも，外部の機関等に丸投げしてしまうことでもありません。リソースをうまく活用しながら行う「仕組みづくり」が，校内支援体制の構築につながります。

【こんなリソースがほしいという例】
・授業中，子どもの安全管理をしてくれる人
・心臓に病気がある子どもの体育授業の際の支援について助言してくれる人

もしかしたら，学校のニーズに応えることのできるリソースが，保護者や地域の中にあるかもしれません。特別支援教育コーディネーターは，「どんなリソースがあったらよいか」をリストアップするとよいでしょう。

仕事術 18　プロ同士で建設的な話し合いをする

　地域のリソースとして代表的なものに，「特別支援学校のセンター的機能」があります。特別支援学校のコーディネーターが，地域の小・中学校などに出張して，特別支援教育に関するサポートを行うものです。

　例えば，「視覚障害の子どもの保護者から，拡大教科書を使いたいという要望が出てきた」のような，通常の小・中学校ではどのように対応したらよいかノウハウがないケースで，とても頼りになる存在です。

　子どもの障害の特性は様々です。ですので，支援も様々な方法があります。小・中学校の特別支援教育コーディネーターは，特別支援学校のコーディネーターと連絡を密にできるような「仕組みづくり」をしておくとよいでしょう。

　「仕組みづくり」として，例えば，年度はじめに学校の授業を参観してもらい，気になる子どもをチェックしてもらうことなどが考えられます。

　ちなみに，特別支援学校のコーディネーターは，身分的には同じ「教員」です。教員だからこそ，学校の事情にも詳しいところが何よりもありがたいです（学校以外の機関の専門家と連携するときは，学校の事情を理解していただけないこともありますので）。ですが，一方的な関係ではなく，お互いにプロフェッショナルとしての関係性を築いていく必要があります。特別支援学校のコーディネーターは「特別支援教育のプロ」として，担任の先生は「学級経営のプロ」として，お互いに専門性を意識しつつ，建設的な話し合いにするようにするとよいでしょう。

2章

会議の仕事術

- ■校内委員会を企画・運営する方法
- ■ケース会議を企画・運営する方法
- ■話し合いを円滑にするファシリテーションの方法
- ■「グラフィックファシリテーション」の方法

校内委員会を企画・運営する方法

仕事術 **19** 会議の場を「視覚化」する

　「校内委員会」とは，校内の子どもたちに対してどのような支援を行っていくのかを，複数の教職員で検討する会議のことをいいます。

　子どもの支援を検討するためには，たくさんの情報が必要となります。口頭だけではとても理解できません。ですので，情報の「視覚化」を考えなければなりません。いかにして校内委員会を「視覚化」していくかが，特別支援教育コーディネーターの仕事術のポイントとなります。

> 【校内委員会での「視覚化」の方法例】
> ・子どもの情報は，あらかじめプリントにまとめて配付する（個人情報の適切な管理のため，プリントは終了後回収して，断裁処理をする。確実に回収できるように，プリントには番号を振っておき，回収もれを防ぐ）
> ・ホワイトボードを用意し，話し合っていることを書き出していく。ホワイトボードが用意できなければ，画用紙や模造紙で代用してもよい
> ・対象となっている子どもの顔写真を用意する

　ちなみに情報を「視覚化」することは，子どもたちへの支援の方法としても，とても有効です。

　子どもたちにも，大人たちにも，「視覚化」はあるとありがたい支援です。

合食後

校時 母がいない場合了 電話を入れ、おくりとどける。
Aは 一人ですごす(母不在)

)「負ける」受容ができない。人と同じ対人関係はできない。
(気をつかいすぎると疲れる。チックや奇声が出る。
人との関係の距離感 → 友人トラブルになる。
四 気をつかいながら様子を見ている。関係を築いているところ。
教室で 他の母と会うのが こわい。→ 昨年トラブルがあった？
養 からはなれられない。
→ 自分を守ってくれる存在。
Aにとってキーパーソンを
友だちか担任にできると

給食の時
友人と
Aが帰りた
1. 給食お
2. Bといっ
3. ×なら
お手伝いにも
母の負担→

仕事術 20 ケースを「仕分け」して，別途「ケース会議」につなぐ

　本来であれば，支援を必要とする子ども一人ひとりの支援策について時間をかけて検討していくことが望まれます。とはいえ，学校現場ではそのための時間の確保がなかなか難しいものです。

　ケースによっては，経緯が複雑であったり，関係諸機関との連携が必要であったり，すぐに結論を出すのが難しいこともあります。

　そこで，特別支援教育コーディネーターは，案件の仕分けをしていきます。深く検討することが必要なケースは，別途「ケース会議」を開いて，そこで支援策を検討するようにしましょう。

ケース会議を企画・運営する方法

仕事術 21 参加者が確実に集まれるように段取りする

【ケース会議が開催される案件例】
・校内委員会でより深い支援策の検討が必要となった子どもがいるとき
・特別な支援が必要な子どもが，学校，家庭，地域での生活で何かトラブルがあり，緊急的な対応が必要となったとき
・転入や転出など，新たに支援策を講じなければならない子どもがいるとき

　校内委員会は「定期的に，固定的なメンバー」で進めていくことが基本ですが，ケース会議は上記のような，緊急性が高かったり，関係諸機関と連携したりするという特徴があるため，その都度「流動的なメンバー」を招集して開催することになります。

　その都度の「流動的なメンバー」ですから，「参加者を決めること」と，「参加者の日程調整」が，特別支援教育コーディネーターにとっての大きな仕事となります。

【会議の参加者を決める】

　ケース会議では，管理職の出席がまず必要です。他には，担任やスクールカウンセラー，スクールソーシャルワーカーなど，実働的にかかわる人が参

加するとよいです。

　関係諸機関は，ケースによっても異なります。例えば，家庭への支援も含むケースであれば児童相談所や民生委員など，支援方法の検討であれば特別支援学校のコーディネーターなどが考えられます。

【日程調整をする】

　まず管理職の日程確認からスタートしましょう。複数，候補日をもらうようにすると調整しやすくなります。

　管理職からいただいた候補日を基にして，参加予定者に打診します。

　放課後以外にも，担任の先生のあき時間や，時間講師の先生が代わりに授業を行う時間などに行うことも工夫次第では可能です。

仕事術 22 会議中は，守秘義務管理，時間管理の黒子となる

　ケース会議本番では，特別支援教育コーディネーターは「守秘義務管理」と「時間管理」に徹します。

【守秘義務を共通理解する】

　このケース会議内では守秘義務に反しないので参加者それぞれが知り得ている情報を出してほしいこと，またケース会議終了後は一切外部に公言してはならないことを確認しましょう。

【時間管理をする】

　情報共有で終わるのではなく，集まった関係者が意見交換できる時間を多く確保する必要があります。例えば，経緯等はあらかじめ印刷物にして配付しておくと，その説明に時間をとられることも少なくなります。

話し合いを円滑にする
ファシリテーションの方法

仕事術 23　よりよい方法に一緒に気づく

「ファシリテーション」とは，誰かが何かをするのを「容易にしたり，促進したりする」という意味です。「ファシリテーション」をする人のことを「ファシリテーター」といいます。

いわば，特別支援教育コーディネーターは，校内の特別支援教育の「ファシリテーター」です。校内の先生方が特別支援教育を行っていくことを「容易にしたり，促進したりする」存在なのです。

「特別支援教育コーディネーターなのだから，特別支援教育の専門性がなければいけない」と思われがちですが，ファシリテーターとしての特別支援教育コーディネーターは，「よりよい支援の方法に一緒に気づく」というスタンスで校内の先生方とかかわっていきます。

「こういう支援をしてみたらどうだろう」と，一緒に考え，一緒に気づくことは，その相手の先生の特別支援教育に関する力を高めることにつながります。なぜなら「特別支援教育コーディネーターに言われて仕方なしに動いた」状態と，「自分で考えて，自分で主体的に動いた」状態では，大違いだからです。その先生のモチベーションも違いますし，なによりその先生の特別支援教育のスキルを促進させることになります。

校内委員会やケース会議でも，特別支援教育コーディネーターは，何か解決策を見つけようとする役割ではありません。その場の参加者が，どうやったら支援策を考えられるか「容易にしたり，促進したりする」ための存在で

あることを自覚しましょう。

仕事術 24 「助言」ではなく「質問」をメインにする

　特別支援教育コーディネーターは，特別支援教育の知識だけでなく，「ファシリテーション」のスキルを身につけておくと，より効果的に仕事を進めることができるでしょう。

　具体的な手法のひとつは，「助言」をするのではなく，相手が気づくことができるような「質問」をすることです。

　授業の場面でも，先生方は子どもたちに「発問」をしています。「発問」することで，子どもたちの思考を促しているのです。講義形式でずっと知識だけを注入している授業では，子どもたちは受け身になってしまいます。それと同じです。

　子どもの様子について，相手の先生に「質問」をすることで，相手の先生に気づくきっかけを与えるようにするのです。

【特別支援教育コーディネーターができる「質問」例】

・「あの子って，どうして授業中，離席してしまうのでしょうか？」
・「この子ども，どうして病院にはつながっていないのですか？」
・「あの子について，こういう情報が入ったのですけれど，先生ご存じでしたか？」

　特別支援教育コーディネーターは，子どもの支援について専門的な「助言」ができるようになることよりも，むしろ先生方の特別支援教育に関する感度を上げられるような「質問」をするスキルを高める方が重要なのかもしれません。

「グラフィックファシリテーション」の方法

仕事術 25 会議をファシリテートするために「板書係」となる

　ケース会議などの場では，子どもの学校での様子，家庭での様子，前の学年ではどのような支援を受けていたのか，前の学校ではどのような支援を受けていたのか，医師はどのように診断しているのか，スクールカウンセラーはどのようにかかわっているのかなど，ひとつのケースでも膨大な量の情報が出てきます。

　情報量の多い会議は「視覚化」することがポイントであると申し上げましたが，会議の場の「視覚化」には，もうひとつ重要な作用があります。それは，「視覚化」を行う人間（板書係）が，その場の議論をファシリテートできるようになるということです。

　目に見えるものはファシリテートしやすくなります。空中戦の議論は，どこへ向かっていくのか操縦不能になってしまうこともあります。しかし，話している内容を文字化したり，図示したりする「グラフィックファシリテーション」を行うことで，参加者の意思統一が図りやすくなります。

　つまり，目に見えるようにすることで，ファシリテートの効果が表れるのです。

　例えば，「参加者から出た意見を，板書係が赤で目立たせる」だけでも，参加者の議論をファシリテートすることになります。視覚的に目立つようになったアイデアを基に，参加者は意思統一が図りやすくなります。

　特別支援教育コーディネーターが板書係となり，「グラフィックファシリ

テーション」をすると，会議をスムーズに進めることができます。

仕事術 26 すぐに結論が出ない 「パーキングロット」をつくる

　会議の場では，「優先順位は低いけれど，大事な視点」や，「すぐには結論が出ないけれど，忘れないでおこう」というような意見も出てきます。

　そのようなアイデアや意見については，パーキングロット（駐車場）をつくっておくと便利です。

3年1組○○さんへの支援

・授業中の私語が多い
・漢字の学習が苦手でなかなか覚えられない
・作文は書きたい内容は思いつくが書くことを面倒くさがる
・授業中，落ち着きがない
・指示通りの行動がとれない
・やや不登校気味である
・保護者が長期入院している？
・登校支援ができるとよい
・漢字の宿題で量の調整を行う
・作文では，視写できるように
　支援する

これが「パーキングロット」
↓

【検討事項】

・家庭に対する支援が必要
・関係機関との連携が必要

3章

書類の仕事術

書類作成を校内で進める方法

最初にするのは「締め切り日」の設定

「個別の指導計画」と「個別の教育支援計画」。

特別支援教育コーディネーターの仕事の中でも，この2つの書類作成の仕事術をマスターすると，圧倒的に業務がスムーズに進むでしょう。

それだけ，「負担感」のレベルが高い仕事が，この2つの書類作成です。「よくわからないけれど，やらなきゃいけない書類」というのは，負担感だけが強くなるものですから。

まず，「個別の指導計画」と「個別の教育支援計画」の違いについて，ザックリと説明します。

【「個別の指導計画」は「指導」について書く】

「指導」，つまり，支援が必要な子どもが「どのような力を身につけるのか」を明確にする書類です。

かけ算九九が習得できていない小学校3年生のCさんの例で考えてみましょう。

かけ算は，小学校2年生で学習します。しかし，Cさんの場合は，2年生の間には習得できず，3年生に進級してしまったという状況です。3年生では，わり算の学習が始まります。かけ算が習得できていないと，わり算の学習にも影響します。ですので，本来は3年生ならかけ算九九の学習はしないはずですが，Cさんには「個別」にかけ算を指導する「計画」を立てておく

必要があると思われます。

ですので，この子どものために，本来3年生の年間指導計画にはないかけ算九九の学習の「個別」の学習指導計画を作成することになります。これが「個別の指導計画」です。

生活面でも同様です。「授業を落ち着いて受けることが難しい」Dさん，「友達とトラブルを起こしやすい」Eさんなどは，自分のクラス内だけでなく，例えば通級指導教室

個別の指導計画			
氏名		学年	
子どもの様子	目標	手だて	評価

筆者作成

で，ソーシャルスキルの学習を行うことがあります。これも，「個別」に「指導」を受けているわけですので，Dさん用，Eさん用の「個別の指導計画」が必要となるということです。

【「個別の教育支援計画」は「支援」について書く】

「どのような力を身につけるのか」ではなく，「どのような支援をするのか」ということを明確にする書類です。

先ほどのかけ算九九を習得できていないCさんは，わり算の授業で困ってしまうことになります。ですので，担任の先生は，Cさんのために「九九表」を用意してあげて，「わからなくなったら使っていいよ」という「支援」を行うことが考えられます。

子どもにとって必要な支援は，ある一定の傾向が見られることがあります。

例えば，Cさんに行った「九九表」という支援は，「視覚的支援」です。「算数でわからないときは視覚的支援を用いる」ということは，Cさんの「支援」として一般化できます。

　一般化されたその子どもにとっての「個別」の「支援」をあらかじめ「計画」しておけば，すぐに対応しやすくなります。これが「個別の教育支援計画」です。

　学習指導要領において，特別支援学級や通級指導教室の子どもについては「個別の指導計画」と「個別の教育支援計画」を作成することが示されています。

　特別支援教育コーディネーターの仕事としては，校内の先生方に「個別の指導計画」と「個別の教育支援計画」を作成するための道筋を示していくことが求められます。

　具体的にいうと，一番大切なのは，「いつまでに作成するのか」という締め切り日の設定です。

　学年の始まりの４月は，教員にとって最も忙しい時期です。他の仕事に忙殺されて，ついつい「個別の指導計画」と「個別の教育支援計画」の作成は後回しになりがちです。

学校生活支援シート（個別の教育支援計画）

平成　年度作成

このシートは、お子さんの学校生活を充実したものにするため、御家族と学校、関係する様々な立場の人が、お子さんをどのようどのように支えていくか話し合い、記録していくものです。
　お子さんが、充実した豊かな学校生活を送ることができるよう、学校での学習や家庭での生活について、一緒に考えていきましょう。

フリガナ 氏名		性別	学年・組
学校		校長名	
		担任名	
備考			

1　学校生活への期待や成長への願い（こんな学校生活がしたい、こんな子供（大人）に育ってほしい、など）

本人から

保護者から

2　現在のお子さんの様子（得意なこと・頑張っていること、不安なことなど）

3　支援の目標

学校の指導・支援	家庭の支援

出典：『これからの個別の教育支援計画〜「つながり」と「安心」を支える新しい個別の教育支援計画〜』（平成26年3月発行・東京都教育委員会）
https://www.kyoiku.metro.tokyo.lg.jp/school/document/special_needs_education/coming_plan.html

しかし，5月になっても，6月になっても，その状況はあまり変わらないのではないでしょうか。学校は1年中忙しいところです。月日は過ぎていって，7月頃になってようやく「夏休み中に書いてください」というような状況では，何より支援を必要とする子どもたちへの「計画」が後回しになっている不誠実なイメージはぬぐえません。

ですので，特別支援教育コーディネーターは，校内で迅速に「個別の指導計画」と「個別の教育支援計画」が作成できるように，計画を立て，作成状況の進捗管理をしていきましょう。

仕事術 28 欄を必死に埋めようとしない

このような書類作成において，先生方は「欄を埋めなければ」と必死になっていませんか？

欄を隙間なく埋めていれば「熱心な先生」。ちょっとしか書いていなければ「誠実さのない先生」と。教員は意外と評価におびえるものです。

しかし，ここは，書類の本来の目的に立ち戻りましょう。「たくさん書く」ことは，子どものために本当に大切なことではありません。

「個別の指導計画」と「個別の教育支援計画」は，子どものために本当に必要である計画のみを記載するべきです。

ですので，まずは「欄を必死で埋める」という固定観念から脱却しなければなりません。「子どものために役立つ書類をつくる」という考え方にシフトしていくのです。

書きにくいようであれば，また作成に時間がかかりすぎるようであれば，「書式」自体を見直していく必要があります。

書類を作成する方法

 仕事術 29 あくまで"フォロー役"となる

「個別の指導計画」と「個別の教育支援計画」は誰がつくるのでしょうか。

【よくある誤解】
- 特別支援教育コーディネーターが，校内の子どもについてをすべて作成しなければならない
- 通級を利用している子どもの分は，通級指導教室の先生が書くものだ

「個別の指導計画」と「個別の教育支援計画」を誰が作成するのかという明確な規定はありません。ですので，上の２つも完全に間違っているとはいえません。

ですが，特別支援教育コーディネーターや，通級指導教室の先生に，子どもの指導や支援を「丸投げ」している状況であるともいえます。

基本的には，その子どもが在籍している学校，その子どもの担任の先生が主体となって作成するのがよいでしょう。特別支援教育コーディネーターや，通級指導教室の先生は，あくまでも「フォロー役」です。

ちなみに通級による指導を受けている子どもの「個別の指導計画」について，通常の学級と，通級指導教室とで，別々に作成することもありますが，両者を一体化した「連携型個別指導計画」というものもあります。

書類作成を通して
担任のスキルアップを図る

　特に，初任者の先生や，臨時的任用の先生等にとって，「個別の指導計画」と「個別の教育支援計画」の作成は，かなり難しい仕事です。

　ですが，書類作成の機会を活用して，特に経験の浅い先生には，子どもを見るということはどのようなことかを研修するチャンスとなるようにしていくことが，特別支援教育コーディネーターとしての仕事術になってきます。

【経験の浅い先生への質問例】

・その子どもの得意なことは何ですか？

・その子どもががんばっていることは何かありますか？

・その子どもが不安に思っていることはどのようなことですか？

　このような視点で，担任の先生とディスカッションしていくと，子どもをどのような視点で見ていけばよいか理解されることでしょう。

　ディスカッションの中で「それはちょっとわからないな」ということがあれば，その視点で子どもを観察することもできますし，子どもや保護者から気持ちや思いを聞く際のヒントにもなります。

　そこで得た情報を，「個別の指導計画」と「個別の教育支援計画」に記載するようにしていけばよいのです。

　あくまでも「子どものため」に書類作成を行っているということと，担任の先生が主体となって作成するものであるということを，特別支援教育コーディネーターは忘れてはいけません。

書類を活用する方法

仕事術 31

計画的に指導しているか，チェックできる仕組みをつくる

　「個別の指導計画」と「個別の教育支援計画」を作成することがゴール，ではいけません。「どのように活用するのか」というところまで考えなければなりません。そうしないと，せっかくつくった書類なのに，ファイルに綴じられた後，誰の目にもふれないということになってしまいます。

　「個別の指導計画」は「指導」，つまり子どもが「どのような力を身につけるのか」というものです。

　具体的には，「子どもの様子」「目標」「手だて」「評価」の項目ごとに記載していくことになります。

　「子どもの様子」は行動観察や，テストの結果等で見取ることができます。

　その「子どもの様子」を基に，このくらいまでできるようになってほしいという「目標」を立てます。

　その「目標」を達成するには，何かしらの工夫が必要となります。それが「手だて」です。

　そして，その「手だて」で指導したところ，どのくらい「目標」を達成することができたのか，「評価」することになります。

　この一連の流れを，担任の先生が着実に行えていること。それが「個別の指導計画」が活用されている状態といえます。

　「個別の指導計画」を，担任の先生がときどき振り返ることができるようにしていく仕組みづくりを考えていくとよいでしょう。

「個別の教育支援計画」の効果は，すぐには求めない

　「個別の教育支援計画」は，「どんな支援をするか」ということを明確にする書類です。その期間は，比較的長期になります。

　なぜなら，子どもへの「支援」の方法は，そう短期間でコロコロ変わるものではないからです。

　学年が上がるごとに，少しずつ手直しをしていって，子どもの成長に合わせて，「支援」の方法を調整していくのがよいでしょう。

　「個別の教育支援計画」は，1年2年の単位では，活用に値する場面はめったにないかもしれません。

　なぜなら，1年2年の単位であれば，教員同士または支援者間において口頭で十分引き継ぎが可能だからです。書類ではなく，フェイストゥフェイスで伝えた方が，情報は正確に伝わります。

　実は「個別の教育支援計画」は，子どもの年齢が上がってきてから，その効果がじわりじわりと発揮されるものです。

　例えば，小学校6年生の子どもについて，「この子どもは1年生のときに，どんな支援を受けてきたのか」ということを知りたくなったとき，すでにその子どもの1年生のときのことを知る先生が校内にいなくなっていることがあります。そのようなときに，「個別の教育支援計画」は役立ちます。

　特に，中学校，高等学校段階ともなると，「これまでどんな支援をしてきたのか」という情報を，聞き取りだけで集めることは困難になります。

　「個別の教育支援計画は後々効果を発揮するものだ」ということを心得ておくことが大切です。「個別の教育支援計画」があるかないかで，その後の子どもの人生が左右されるかもしれないと思っておいた方がよいでしょう。

書類を共有する方法

保護者に「一時預かり」をしてもらう

【よくある誤解】

・「えっ!? 『個別の指導計画』と『個別の教育支援計画』って，保護者に見せるのですか？」

・「この子どもは，保護者の理解が得られないので，『個別の指導計画』と『個別の教育支援計画』は作成しなくてもいいですよね？」

　支援を必要とする子どもへの「指導」「支援」について，発達段階の視点から考えてみましょう。

　幼稚園や小学校段階では，支援を必要とする子どもの「指導」や「支援」について考えるとき，学校と保護者が話し合って決めていくのが基本です。ですので，上のような誤解が生じやすいです。

　しかし，中学校では「三者面談」が始まります。少しずつ，保護者との面談場面に子どもが同席するようになります。つまり，子ども自身が自分への「指導」や「支援」について，どのようにしてほしいのかを考えるようになります。そして，高校卒業時には，保護者はほぼフェードアウトしていき，自分の人生には自分で責任をもつようになります。

　その際に，「自分はこのような支援を受けてきた」という履歴が残っているか，残っていないかで大きな違いがあります。その履歴となる書類が「個

別の指導計画」と「個別の教育支援計画」です。

「個別の指導計画」と「個別の教育支援計画」は，子どもの成長の過程において，保護者が一時預かりをするけれども，ゆくゆくは子ども本人のものとなると考えるべきです。原則としては，保護者に渡すのは当然といえますし，もし，保護者の理解を得られない場合でも，いつでも渡せるように準備しておくべきものです。

幼稚園，小学校，中学校，高等学校それぞれで，保護者との共有の仕方は異なるでしょう。しかし「個別の指導計画」と「個別の教育支援計画」が，子どもの将来のためになるということを知っておくとよいでしょう。

34 共有する方法をルールとして定める

「個別の指導計画」と「個別の教育支援計画」を保護者と共有する方法について，校内で共通理解を図っていくとよいでしょう。

【保護者との共有例】

・保護者との個人面談の際に，「個別の指導計画」と「個別の教育支援計画」を渡す

・通知表と「個別の指導計画」と「個別の教育支援計画」をセットにして，学期末に保護者に渡す

・書類には，保護者に確認印を押してもらうようにする

このように校内でルールを統一しておくと，校内支援体制の構築に向けた「仕組みづくり」が進んでいきます。

書類を整理する方法

学校の実態に応じたファイル管理をする

　担任の先生が作成した「個別の指導計画」と「個別の教育支援計画」を，それぞれの先生が管理するのではなく，特別支援教育コーディネーターが，一括して管理しておくことが望ましいです。

　「個別の指導計画」と「個別の教育支援計画」を毎年作成していくと，だんだんと分量が多くなります。そして，それに付随する書類，例えば医師の診断書や心理検査の結果，他の関係諸機関からの情報など，子どもの個人情報に関する書類も増えていきます。適切に管理していかないと，紛失等の服務事故にもつながりかねません。

　紙媒体の書類については，ファイルに綴じていくこと，これが基本です。例えば，支援が必要な子どもごとに，個別のファイルをつくっておくと，「個別の指導計画」と「個別の教育支援計画」の他にも，心理検査の結果や校内委員会の資料などを1つにまとめておくことができて便利です。

　また，対象となる子どもが少ない学校では，学年ごとにファイルを作成するという方法もあります。こうすると小学校だと6冊ファイルをつくればよいことになりますし，その学年の子どもについては1冊のファイルがあれば，ことたります。

　その場合はファイルの中に，「クリアフォルダ」を入れて活用します。クリアフォルダの中に個人ごとの書類を入れるようにします。そのようにすると，学年ごとのファイルの中に，個人のファイルをつくることができます。

情報共有できる仕組みづくりをする

　さて，個人情報の適切な管理と相反するようですが，可能であれば，「個別の指導計画」と「個別の教育支援計画」の情報を，校内の先生で「共有」できるようになると，さらに校内支援体制の構築が進んでいきます。

　「どうやったら教員間で情報共有ができるようになるのだろうか」ということを，特別支援教育コーディネーターは，一度考えてみるとよいでしょう。

　一番簡単にできる方法は，ファイルを「回覧する」ことです。

　しかし，工夫なくファイルを回覧しようとすると，職員室の先生の机に放置されたままとなり，「紛失等の服務事故」リスクが高くなってしまいます。

　そこで，「回覧」のためのひと工夫。ファイルの表紙に「要　手渡し」という注意書きを貼りつけるのです。

　また，電子データで保存しておけば，紙に比べて，情報も管理しやすく，必要なときに取り出しやすくなります。

　しかし，個人情報ですので，データの管理には細心の注意をはらわなければなりません。パソコンへの保存は，セキュリティの面で心配なこともいろいろと考えられます。

　可能であれば，インターネットに接続していないスタンドアロンのパソコンを1台用意し，そこに支援が必要な子どもの情報をまとめて保存しておくという方法もあるでしょう。

　さらに厳重に管理するために，「管理職と特別支援教育コーディネーターだけが知っているパスワードで管理する」といったアイデアも考えられます。

「個別の指導計画」
内容をグレードアップする方法

仕事術 37 【目標】は，年間指導計画を基にする

「個別の指導計画」は学校や自治体ごとに様々な書式があります。しかし，どのような書式でも，記載するべき情報は，【子どもの様子】【目標】【手だて】【評価】の4つです。

年間指導計画を基に，支援が必要な子どもに「この単元は，つまずきそうだな」「前学年での既習内容がまだ身についていないな」というところがあれば，それを【目標】にするのが一般的です。

仕事術 38 【手だて】は，各教科の学習指導要領解説を参考にする

【手だて】は，担任の先生の経験知に左右されます。経験の浅い担任の先生は当然，アイデアが浮かびにくいと思われます。

先生の経験知だけに頼るのではなく，エビデンスに基づいた「手だて」にするためには，「各教科の学習指導要領解説を参考にする」ことをおすすめします。

各教科の学習指導要領解説の「指導計画の作成と内容の取扱い」に関するところに，「障害のある子ども」に対しての記述があります。

例えば，小学校の体育科の学習指導要領解説には，「勝ち負けに過度にこ

だわったり，負けた際に感情を抑えられなかったりする場合には，活動の見通しがもてなかったり，考えたことや思ったことをすぐに行動に移してしまったりすることがあることから，活動の見通しを立ててから活動させたり，勝ったときや負けたときの表現の仕方を事前に確認したりするなどの配慮をする」とあります。この記述は，以下のような構造になっています。

・勝ち負けに過度にこだわったり，負けた際に感情を抑えられなかったりする＝【子どもの様子】
・活動の見通しがもてなかったり，考えたことや思ったことをすぐに行動に移してしまったりすることがある＝【子どもの特性】
・活動の見通しを立ててから活動させたり，勝ったときや負けたときの表現の仕方を事前に確認したりする＝【手だて】

このように，【子どもの様子】【子どもの特性】【手だて】という構造でどの教科も記述されています。この【子どもの様子】と【子どもの特性】が対象の子どもに当てはまっていれば，以下のように活用することができます。

子どもの様子	短期目標	手だて
勝ち負けに過度にこだわったり，負けた際に感情を抑えられなかったりすることがある。	ボールゲームで負けた際に感情を抑えることができる。	・活動の見通しを立ててから活動させる ・勝ったときや負けたときの表現の仕方を事前に確認する

特別支援教育コーディネーターは，担任の先生に対して，「各教科の学習指導要領解説を参考にする」という方法があることを情報提供するとよいでしょう。エビデンスに基づいた「個別の指導計画」作成が進められるようになると，校内支援体制の「仕組みづくり」につながっていきます。

「個別の教育支援計画」
内容をグレードアップする方法

仕事術
39 基本文型「○○するために××する」を
徹底する

　「個別の指導計画」と「個別の教育支援計画」のどちらにも【目標】の欄
があります。この【目標】の違いは何かというと、「主語」が違うのです。

【主語の違い】
　・「個別の指導計画」の【目標】の主語は，「子ども」
　・「個別の教育支援計画」の【目標】の主語は，「大人（支援者）」

　「個別の教育支援計画」は，子どもが何かを達成するために，大人（支援
者）がどのような支援をするのかについて明確化します。
　「個別の教育支援計画」の【目標】欄は，「○○するために××する」文型
が基本となります。

【「○○するために××する」】
　・「○○」は，「子ども」に達成してほしいこと
　・「××」は，「大人（支援者）」の目標

　例えば，「かけ算九九などの計算能力を高めるために，視覚的支援を用い
る」「授業を落ち着いて受けることができるようになるために，クールダウ
ンできる場所を用意する」というような文例が考えられます。

「自立活動学習指導要領解説」を参考にする

　「〇〇」と「××」のところ，つまり，具体的にどのような子どもの達成目標に対して，どのような支援を行っていけばよいかわからない，という先生方も多いでしょう。

　経験豊かな先生は，経験知というデータベースの中から「前にいた子どもはこうだった。そのときはこのように対応して，うまくいった。だから，今度のこの子もこうしたらよいだろう」という分析が頭の中で立ち上がります。

　しかし，経験の浅い先生は，そのようなデータベースは頭の中にはありません。データベースが頭の中に構築されていないのであれば，どこか別の場所のデータベースを参考にする方法が最も手っ取り早く，簡単です。

　参考として，特別支援学校教育要領・学習指導要領解説「自立活動編」をおすすめします（以下，自立活動学習指導要領解説）。

　自立活動学習指導要領解説は，特別支援学校の学習指導要領解説なので，通常の学級の先生方には，あまり知られていないかもしれません。

　しかし，特別支援学校ではないですが，通級による指導は，「自立活動」による指導が行われています。通級による指導を利用している子どもたちが，自立活動の指導を受けているということは，「自立活動学習指導要領解説に基づいた指導」がなされているということです。

　自立活動の内容は，「1　健康の保持」「2　心理的な安定」「3　人間関係の形成」「4　環境の把握」「5　身体の動き」「6　コミュニケーション」という6つの大きな区分として示されています。そして，その区分の中でさらに，(1)(2)と，いくつか小さな項目に分かれています。

　そして，自立活動学習指導要領解説を見てみると，その項目ごとに，例えば，こういう子どもには，こういう支援をするとよいという例示がたくさん記載されていることがわかります。

```
1  健康の保持
(1)生活のリズムや生活習慣の形成に関すること      (2)病気の状態の理解と生活管理に関すること
(3)身体各部の状態の理解と養護に関すること       (4)障害の特性の理解と生活環境の調整に関すること
(5)健康状態の維持・改善に関すること

2  心理的な安定
(1)情緒の安定に関すること                  (2)状況の理解と変化への対応に関すること
(3)障害による学習上又は生活上の困難を改善・克服する意欲に関すること

3  人間関係の形成
(1)他者とのかかわりの基礎に関すること          (2)他者の意図や感情の理解に関すること
(3)自己の理解と行動の調整に関すること          (4)集団への参加の基礎に関すること

4  環境の把握
(1)保有する感覚の活用に関すること
(2)感覚や認知の特性についての理解と対応に関すること
(3)感覚の補助及び代行手段の活用に関すること
(4)感覚を総合的に活用した周囲の状況についての把握と状況に応じた行動に関すること
(5)認知や行動の手掛かりとなる概念の形成に関すること

5  身体の動き
(1)姿勢と運動・動作の基本的技能に関すること
(2)姿勢保持と運動・動作の補助的手段の活用に関すること
(3)日常生活に必要な基本動作に関すること        (4)身体の移動能力に関すること
(5)作業に必要な動作と円滑な遂行に関すること

6  コミュニケーション
(1)コミュニケーションの基礎的能力に関すること     (2)言語の受容と表出に関すること
(3)言語の形成と活用に関すること             (4)コミュニケーション手段の選択と活用に関すること
(5)状況に応じたコミュニケーションに関すること
```

　例えば,「1　健康の保持」の「(1)生活のリズムや生活習慣の形成に関すること」には,このような子どもの具体例が記載されています。

```
　ADHD のある幼児児童生徒の場合,周囲のことに気が散りやすいこ
とから一つ一つの行動に時間がかかり,整理・整頓などの習慣が十分身
に付いていないことがある。
```

　ADHD と診断されていない子どもでも,「周囲のことに気が散りやすいことから一つ一つの行動に時間がかかり,整理・整頓などの習慣が十分身に付いていない」子どももいるでしょう。つまり,このような状態の子どもがいたら,この項目が参考になります。

　そして,このような子どもに対しては,次のような視点で支援をすることが大切であると述べられています。

> ・無理のない程度の課題から取り組むことが大切である
>
> ・日課に即した日常生活の中で指導をする

　たしかに，整理・整頓の習慣を身につけるのは，一朝一夕には難しいことです。だから「無理のない程度の課題から取り組むことが大切」であり，無理のない指導を行っていくのであれば「日課に即した日常生活の中で指導をする」ことが有効です。

　このように，自立活動学習指導要領解説では，学校現場でよく見られる子どもの実態と，その指導や支援の指針となる記述が掲載されています。これを有効活用するとよいでしょう。

　さて，このような子どもがいた場合，この自立活動学習指導要領解説の記述に基づいて「個別の教育支援計画」を作成すると以下のような記述になります。

【子どもの様子】

　周囲のことに気が散りやすいことから一つひとつの行動に時間がかかり，整理・整頓などの習慣が十分身についていない

【支援目標】

　整理・整頓などの習慣を身につけるために，無理のない程度の課題から取り組み，日課に即した日常生活の中で指導する

　自立活動学習指導要領解説には，この項目の他にも，多くの具体的な事例について，解説が掲載されています。

　まずは，自立活動学習指導要領解説をベースとしてみましょう。「個別の教育支援計画」の作成がスムーズになります。また，内容についても学習指導要領という根拠に基づいておりますので，より専門的な視点から作成することが可能となります。

4章

外部機関連携の仕事術

■放課後の機関との連携をスムーズに進める方法〔学童保育・放課後デイサービス〕
■学校外の機関と連携する方法〔児童相談所・警察〕
■専門家と連携する方法〔医療・心理〕
■巡回相談員・専門家チームと連携する方法

放課後の機関との連携をスムーズに進める方法〔学童保育・放課後デイサービス〕

仕事術 41 子どもの放課後の様子について情報を集める

「関係諸機関」にも，様々な機関があります。特に小学校では，子どもたちが放課後の時間を過ごす場所としての，学童保育や放課後デイサービスとの連携が考えられます。

学童保育や放課後デイサービスは，ちょうど学校と家庭の中間地点のような存在です。学校のように授業を受ける場ではないですが，「集団生活」の場です。

【学童保育や放課後デイサービスで見られる子どもの実態例】

・学校の宿題がわからない

・おもちゃの取り合いなどで，友達に暴力をふるってしまう

・乱暴な言葉が目立つ。注意してもやめない

・部屋の利用のルールを守ることができない

・孤独に過ごしている子どもがいる

・過剰に甘える子どもがいる

例えば，「学校の宿題がわからない」という実態が，学童保育や放課後デイサービスからの情報として出てきたら，そのための対応を学校側としても行っていかなければなりません。

連携を図り，学校の「高い壁」を下げる

　学童保育や放課後デイサービス側から見ると，学校は「高い壁」だと感じることが多いようです。

　「本当は，子どものことについて学校の先生に相談したい。でも壁が高くてなかなか相談しにくい」という声がよく聞かれます。

　ですので，特別支援教育コーディネーターが，学校の「高い壁」をなるべく低くすることのできるような連携の仕組みをつくっていくとよいでしょう。

【連絡会を開く】

　学校の子どもが利用している学童保育や放課後デイサービス等の事業所すべてを対象とした「連絡会」を年に1回程度，学校で開催しましょう。

　それぞれの機関は毎年のように人が入れ替わります。年1回でも，関係者が一堂に会して，顔合わせをする機会を設けるとよいでしょう。

【行事に招待する】

　学童保育や放課後デイサービス等のスタッフは，子どもが学校でどのような活躍をしているのか気になるものです。運動会や学芸会など，学校行事に招待していくとよいでしょう。

【「個別の教育支援計画」を相互に連携して作成する】

　学童保育や放課後デイサービス等では，学校とは別に「個別の教育支援計画」を作成していることもあります。このような書類を一本化していくことは，子どもにとっても保護者にとっても，学校と放課後の機関のすべてにとっても望ましいことです。

学校外の機関と連携する方法

〔児童相談所・警察〕

仕事術 43 日頃から正確な情報を収集する

　子どもが「虐待」を受けているという案件があったときは「児童相談所」，子どもが「非行」に巻き込まれたという案件があったときは「警察」との連携が必要となってきます。（例えば東京都では「子ども家庭支援センター」のような各自治体が設置している窓口が最初の通報機関となっています）

　児童相談所や警察と直接やりとりするのは，管理職や生活指導主任等の役割であることが多いです。特別支援教育コーディネーターが直接，児童相談所や警察とやりとりすることは少ないでしょう。

　しかし，子どもの発達上の課題が「虐待」や「非行」の背景となってくることも十分に考えられます。支援が必要な子どもが，家庭で「虐待」を受けたり，友人関係の問題で「非行」に巻き込まれたりしたときには，学校でその子どもに対してどのような支援を行っているか，ということが貴重な情報となります。

　日頃から子どもの正確な情報を収集し，いざというときに情報提供できるように備えておく必要があります。このようなときこそ，「使える情報」にしておくことが効力を発揮します。

　例えば，「この子どもは聴覚的な支援よりも，視覚的な支援の方が有効です。だから，絵や図をかいて見せるようにすると理解が進みます」というような情報は，児童相談所や警察がその子どもに対応する際にも，貴重な情報となることがあるでしょう。

仕事術 44 数値・主語・情報源を明確にする

　日頃より情報を正確にまとめておくためのポイントは，具体的には数値・主語・情報源を明確にすることです。

【数値を明確にする】

　例えば「ときどき，パニックを起こす」といっても，その「ときどき」は人によって基準がまちまちです。「ときどき」という表現は，具体性に乏しいということです。「ときどき」ではなく，「週１回程度，パニックを起こす」のように明確化します。

【数値に変換した方がよい例】

・しばしば，たまに　　→　　週３回

・はじめのうちは　　　→　　○月頃は

・つい最近　　　　　　→　　○月○日頃から

・家のそば　　　　　　→　　家から歩いて５分くらいのところに

【主語を明確にする】

　「家で暴力をふるわれている」は，「家で父親に暴力をふるわれている」のように主語を明確にします。

【情報源を明確にする】

　「家ではおとなしいらしい」という伝言の形は，「家ではおとなしいと母親が言っていた」と情報源を明確にします。

専門家と連携する方法〔医療・心理〕

医療や心理の専門家に「丸投げ」しない

　支援が必要な子どもについては，医療や心理の専門家との連携も視野に入れなければなりません。

　医療や心理の専門家との連携で，最も留意しなければならないことは「お互いの立場の尊重」です。

　「お互いの立場の尊重」とは，医師には「医療としての立場」，心理の専門家には「心理としての立場」，そして教員には自らの「教育としての立場」があることを踏まえた上で，それぞれの守備範囲において判断することです。

　例えば，「学習になかなか参加できなくて困っているFさん」に対して，医師や心理の専門家から「Fさんには専用の教室で，専属で先生を1人つけた方がよい」とアドバイスされたら，それには従わなければならないでしょうか。

　医師は，医療の立場として，医学的な根拠をもって，そのようにアドバイスしたと考えられます。同様に心理の専門家も，心理の立場として，心理学的な根拠をもってアドバイスしたのでしょう。

　教員は，ただそれに従うだけでよいのでしょうか。

　「専用の教室で，専属で先生を1人つける」ということは，あまりにも学校にとって実現不可能なことです。だからといって，「そんなことは無理！」と思考停止するのではなくて，医師や心理の専門家がなぜそのようにアドバイスしているのかを考えた上で，教員として「教育の専門性」を発揮して

「学校としてできること」を考えていかなければなりません。そのようにすることが，「お互いの立場を尊重する」第一歩となります。

　今，多くの学校で，医療や心理の専門家に子どもの支援の判断を「丸投げ」する傾向が見られます。教員が自らの責任を放棄しており，大きな問題です。教員は，「教育の立場」から，子どもの指導や支援の方法の改善に努めていかなければならないでしょう。

仕事術 46　地域の専門家マップをつくる

　特別支援教育コーディネーターが行っておくべき仕事として，地域で利用できる病院や教育相談が受けられる機関などを，「専門家マップ」として用意しておくことが考えられます。

　「専門家マップ」があると，医療の受診や，心理の専門家にかかることをすすめていく際に，自分の学校の地域に，どのような医療や心理の機関があるのかがすぐわかるようになり便利です。

【あると便利な情報】
・WISC などの心理検査を受けられるかどうか
・受診だけでなく学習相談等をやっているかどうか

　このような情報もあわせて記載しておくと，子どもや保護者のニーズに対応しやすくなります。

　また，教員は異動があるので，このようなマップがあると，異動してきた先生にとっても，地域にどのような機関があるのかがわかりやすくなります。

巡回相談員・専門家チームと連携する方法

個人情報のやりとりに「ひと手間」かける

　「巡回相談員」とは，各学校を巡回し，特別な支援を必要とする子どもへの支援内容や方法に対する助言を行う人のことをいいます。

　教育委員会の指導主事や，特別支援学校を退職した教員などが，その役目を担うことがあります。

　巡回相談員は，学校に実際に来て，子どもの様子を観察した上で，担任に対して具体的なアドバイスをします。したがって，子どもの情報については，当日よりも事前に資料にまとめて伝えておく方がよいでしょう。事前に対象となる子どもの情報をまとめたものを，巡回相談員に送付するのは特別支援教育コーディネーターの仕事です。少なくとも1週間前までには送付するようにするとよいでしょう。

　個人情報を送付する際の作法として，個人情報を封筒に入れる際に，封筒の裏に封をする意味で押される封緘というものがあります。漢字の「緘」という文字の印を，封筒の封じ目に押すものです。この文字には，その封書の宛名以外の人間は開けてはならないという意味が込められています。ですので，子どもの個人情報を送るということにきちんと配慮しているという姿勢を相手側に示すことができます。

　表側には「親展」という印を押します。これには宛名となっている本人に自分で封を切って読んでほしいという意味があります。

分刻みのタイムスケジュールを作成する

　「専門家チーム」とは，各学校に対して，支援の方向性に関する判断，望ましい教育的対応等についての専門的意見を示すことを目的として，教育委員会等に設置された組織のことをいいます。医師や心理師，あるいは通級指導教室・特別支援学級・特別支援学校の教員など，そのときのケースの内容に応じて，専門家チームは構成されます。

　専門家チームの来校当日は，専門家チームのメンバーが学級にて子どもの様子を観察した後，別室でケース会議を開催する流れとなります。

　特別支援教育コーディネーターは，そのケース会議の運営と司会進行を任されることが多いでしょう。

　さて，専門家チームと共に行うケース会議もまた，時間を十分に確保することが難しいのが現状です。限られた時間で，しかも内容的に充実した会議となるように，進行の段取りを綿密に考えていかなければなりません。

　専門家チームの参加するケース会議で最も重要なことは，専門家チームの一人ひとりから意見をいただくことです。ですので，その時間を確保できるようにしましょう。

　ここは，分刻みのタイムスケジュールを作成することをおすすめします。そのタイムスケジュールに従って，専門家チームのメンバーに，事前に「○分間でお話をお願いします」と伝えておきます。そして，なるべく質疑応答の時間を多くとれるようにしていくとよいでしょう。

　実は，発言する側の立場になってみるとわかるのですが，自分にはどのくらいの持ち時間を与えられているのかという情報は，「あるとありがたい」情報なのです。

5章

保護者対応の仕事術

- ■相談窓口であるための方法
- ■「どのような保護者なのか」を知る方法
- ■保護者の多様なニーズに対応する方法
- ■担任同席の場で面談する方法
- ■特徴のある保護者と面談する方法
- ■担任不在の場で面談する方法
- ■面談をスムーズに進める方法
- ■保護者に理解啓発を図る方法
- ■対応で疲れた心を回復させる方法

相談窓口であるための方法

仕事術 49 次の誰かに確実に「つなぐ」

　特別支援教育コーディネーターの大きな仕事のひとつに，保護者の「相談窓口」の役割があります。

　例えば，私たちが使っているスマートフォンが壊れてしまったときには，修理をするために販売店に持っていくと思います。販売店のスタッフにスマートフォンを渡し，どのような症状なのか，原因として考えられること等，いろいろとやりとりをします。販売店のスタッフは，スマートフォンを修理するわけではありません。預かったスマートフォンを専門の工場に「つなぐ」仕事をします。

　このような販売店のスタッフの仕事，これが「相談窓口」のイメージに近いと思われます。

　特別支援教育コーディネーターに置き換えてみましょう。まず，保護者の相談を受けます。保護者からの相談を受けて，校内支援体制や適切な機関と「つなぐ」ようにします。これが，特別支援教育コーディネーターの役割である保護者の「相談窓口」です。

　保護者から相談を受けたにもかかわらず，特別支援教育コーディネーターのところで話を止めていたり，その後の対応について放置したりしてしまうと，トラブルのもととなります。「つなぐ」ことを確実に行えるようにしていきましょう。

名前を覚えてもらう

特別支援教育コーディネーターは，保護者に「この先生，誰？」と思われてしまうこともあるでしょう。また，保護者の中には，担任ではない先生に相談するということに対して，抵抗のある方もいらっしゃるかもしれません。

特別支援教育コーディネーターの「相談窓口」では，自分のクラスの子どもだけではなく，不特定多数の保護者とコミュニケーションを図ることになります。自分が学校の「特別支援教育コーディネーター」という役割を担っているということを，保護者に理解していただく必要があります。

ですので，まず，保護者に「特別支援教育コーディネーター」として認知してもらう工夫が必要です。

【特別支援教育コーディネーターとして認知してもらえる工夫例】

・学校だよりに自己紹介を載せる

・面談の際は，「名札をつける」

・特別支援教育コーディネーター用の「名刺」をつくる

教員は，名刺を持つ文化がない職業です。たしかに，担任の業務や授業をしていく上では，名刺を使う機会はほとんどありません。

ですが，保護者に覚えてもらうために費やす労力を，名刺1枚で減らすことができます。

今は，パソコンで名刺を簡単につくることができます。そんなに多くの枚数をつくる必要もありません。名刺1枚で，特別支援教育コーディネーターの信用と業務の円滑化ができるのなら，安いものかもしれません。

「どのような保護者なのか」を知る方法

仕事術
51
「保護者を見る目」を研究マインドで培う

【ある接客業の方から聞いた話】

　「私は，仕事で不特定多数のお客さまにお会いする機会があります。お客さまには本当にいろいろな方がいらっしゃいます。どのお客さまにも，気持ちよく対応することができればと思い，お会いしたお客様の人物データをひそかにノートに書いてまとめています。このようなお客さまには，このように対応すればよいという役に立っています」

　業務内容とは別に，仕事で会った人の印象や話し方，表情などについて，データを集め，「このようなお客さまには，このように接してみよう」というように活用しているとのこと。だから，お客様に会うのが楽しみで仕方ないと。

　すごく研究熱心な方だなと思いつつ，これはまさに，特別支援教育コーディネーターの仕事にも生かせる発想ではないかと思いました。

　不特定多数の保護者の「相談窓口」になるといっても，学校にいる保護者は限定されていますので，「保護者にはどのような方が多いか」という傾向を知っておくことが，対応の際のヒントとなります。「保護者を見る目」を，研究マインドで培っていく方法もあるということです。

「席を立ってまずどこに行くか」を観察する

　学校は，「人的ネットワーク」をつくることのできる場です。

　保護者にとっても，「人的ネットワーク」をつくることは大切です。保護者が学校で何か困ったことがあったときに，保護者同士で支え合っていくことができるようになります。

　保護者がどのくらい学校関係の「人的ネットワーク」を構築できているのかということを知っておくと，とても貴重な情報となります。

　例えば，PTA役員や普段から学校の活動をサポートしてくれる保護者は，学校の状況を理解できていることが多く，意思疎通が比較的図りやすいです。

【人的ネットワークが弱い保護者】

・学校の現実の状況を理解していないことが多い

・子どものことで保護者同士のトラブルになりやすい

　保護者が，学校で「人的ネットワーク」を構築できているかどうかを観察することができるのは，保護者会や学校公開などの場面です。

　例えば，保護者会が終わったとき，席を立ってから，誰と一緒にいるのか，というのはとても貴重な情報になります。人的ネットワークを構築できている保護者なら他の保護者と話している様子が見られます。しかし，誰とも話す様子が見られない保護者は，孤立している可能性があります。そのような保護者には，学校の情報が届いていない可能性もあります。

　特別支援教育コーディネーターは，そのような視点で直接観察したり，他の先生から情報を集めたりするとよいでしょう。

保護者の多様なニーズに対応する方法

仕事術 53 「何をしてほしいのか」を探りながら話を聞く

　保護者の「相談窓口」において，「保護者が何を望んでいるのか」を見極めることができるようになると，その後「つなぐ」ときに，どこにつないだらよいかという判断に役立ちます。

　特別支援教育コーディネーターのところに相談に来る保護者は，何かしら子どもの発達についての「悩み」をもっています。その「悩み」が，家族では解決できなかったり，担任の先生と話してもうまく解決できなかったりしているので，「相談窓口」である特別支援教育コーディネーターを頼っているのです。

　特別支援教育コーディネーターは，保護者がどのような「悩み」をもっていたとしても，まず受け止めることが大切です。そして，その「悩み」に対して学校に「何をしてほしいのか」ということを探りながら話をしっかりと聞きます。それから「誰につなぐのか」を考えていくことになります。

　実際には保護者自身も「何をしてほしいのか」がよくわからない，明確になっていないというケースが多くあります。

　特別支援教育コーディネーターが保護者面談の際に，最も大事にしなければならないことは，保護者が「何をしてほしいのか」を明確にすることです。ここが明確にならないと，それが学校ですぐできることなのか，学校で検討を必要とすることなのか，学校ではできないことなのか，外部の機関につなぐことなのか，という「解決」に進むことができません。

仕事術 54 「解決」か「共感」かを見分ける

　保護者が「何をしてほしいのか」を明確にするときのポイントは，「解決」を望んでいるのか，それとも「共感」を望んでいるのかを見極めることです。

【教員の対応と，保護者の思いがすれ違う例】
・「解決」を望んでいる保護者に対して，「共感」するだけ
・「共感」を望んでいる保護者に対して，「解決」案を提示し，「そうじゃないのになあ」という思いを抱かせる

　このように，教員の対応と保護者の思いがすれ違う面談が，学校では多く行われています。「解決」に導いてあげることがよいのか，「共感」してあげることがよいのかで，その後の「つなぐ」先が変わってきます。

　ちなみに「解決するか」か「共感するか」の視点で見ていくと，「相談窓口」としての特別支援教育コーディネーターに求められるのは圧倒的に「解決」が多いです。「解決」を求めている場合は具体的に校内支援体制の検討に進むことになります。つまり校内委員会に「つなぐ」ことになります。

　一方，「共感」してもらうことで解決に結びつくケースも存在します。そのようなケースであれば，傾聴のプロであるスクールカウンセラーや，管理職に「つなぐ」ことが有効です。特別支援教育コーディネーターがそれ以上かかわる必要性は高くありません。

　高度なテクニックとしては，「共感」しながら，保護者自身で「解決」を図れるようにしていくという方法があります。主に，家庭での支援が必要な場合は，保護者自らの考えを変えていかなければならないからです。

担任同席の場で面談する方法

仕事術 55 役割分担について事前に打ち合わせをする

　特別支援教育コーディネーターの「相談窓口」は，いろいろなシチュエーションが想定されます。ここでは，「担任と一緒に面談する」シチュエーションについて考えてみましょう。

　なぜ，担任がいながら，特別支援教育コーディネーターも同席して，保護者と面談しなければならないのか。その理由は，「特別支援教育コーディネーターがその場に必要だから」です。

　特別支援教育コーディネーターが同席する際のポイントは，担任との役割分担を明確にしておくことです。

　よくあることですが，担任がまだ教員経験が浅い場合，ベテランである特別支援教育コーディネーターが担任のように保護者面談を進めてしまうことがあります。それは控えるようにしましょう。特別支援教育コーディネーターは「担任」ではないので，子どもの支援の主体となってはいけません。担任は「担任」として，特別支援教育コーディネーターは「特別支援教育コーディネーター」としての立場を明確にした上で，役割分担を考えていくのです。

　例えば，担任が保護者にとって耳が痛いことを言わねばならないときに，特別支援教育コーディネーターは第三者的な立場から意見を言うことができます。そのような特別支援教育コーディネーターの存在によって，保護者の受け止め方も変わってきます。

仕事術 56 「次はどうフォローしていくか」を考える

担任と保護者が話を進めていく中で，特別支援教育コーディネーターは「次はどうフォローしていこうか」と，常に思考を巡らせていきましょう。

【保護者に質問する】

「私は今日はじめてお会いするので，お子さんの困っていることについて教えていただいてもよろしいでしょうか」

このように質問していくと，現状についての課題が明確になります。

【具体化する】

「それは，具体的にはこういうことですよね」

担任が説明している内容が抽象的になったら，具体化することが必要です。保護者は具体像がわかって，はじめて納得することが多いです。

【視覚化する】

話題が多岐にわたりそうであったら，ホワイトボード等を使用して，話を視覚化することも有効です。

【保護者・担任に確認する】

「では，このように進めていくということでよろしいですね」

保護者と合意形成を図れたことを確認することができます。

同様に，担任にも確認するとよいでしょう。このひと言で，保護者も「担任の先生も同意した」と理解することができます。

特徴のある保護者と面談する方法

 特徴的なペースに巻き込まれないようにする

どんなに誠意を尽くして「相談窓口」の仕事を進めていても，中には対応が難しい保護者もいらっしゃいます。「えっ!?　なんで，そんなことを言われなきゃならないの！」ということを言われることもあるでしょう。対応が難しいだけではなく，精神的に疲労してしまいます。

【普段はとても愛想がよいのに，何かあると豹変するタイプ】

「先生のクラスで本当によかったです！」と言っていたかと思うと，何かあったときには「すぐに担任の先生を変えてください！」と言ってくるような，言動が極端なタイプの保護者がいます。

このような保護者に対しては，そのペースに巻き込まれないことが第一です。学校側が過剰に反応してしまうのではなく，一貫性のある態度で接していくことが大切です。

【疑い深いタイプ】

「担任の先生がクラスの子どもを使って，ウチの子どもを仲間はずれにするように仕向けています」

自分が学校から敵意や悪意をもたれていると勘違いしているようなタイプの保護者もいます。

このような保護者に対しても，そのペースに巻き込まれることなく，冷静

かつ中立でいられるようにすることが大切です。保護者の訴えについて，別の見方や解釈を提示していくとよいでしょう。

【自分中心に考えているタイプ】

「あの子どもはこの学校に必要ありません。すぐに転校するように先生から言ってください」

学校は，どの子どもたちにも公平あるいは公正に教育活動を行っていく場ですが，そのようなことがなかなかご理解いただけないタイプの保護者もいます。

保護者の気持ちに共感は示しつつも，その要求は受け入れられないことを冷静に説明することが必要です。

仕事術 58 全面的に共感しなくてもよい

保護者との信頼関係構築のための基本は，「共感」することですが，上述のような特徴のある保護者と良好な関係を築くためには，少し工夫が必要です。なぜなら，全面的に共感してしまうのはリスクが大きすぎるからです。

全面的に共感しなくてもよい「共感の方法」を4つご紹介します。

【全面的に共感しなくてもよい4つの「共感の方法」】
・部分的共感「○○のことは私もそう思います」
・仮定的共感「もし，そういうことであれば，そうでしょうね」
・条件的共感「お母様の立場では，そう思われるのはわかります」
・個人的共感「個人的には，お気持ちはよくわかります」

担任不在の場で面談する方法

仕事術 59 「学校として」という立場を明確にする

担任の先生がその場にいないシチュエーションで，保護者と1対1で面談をしなければならないことも想定されます。

保護者は，担任の先生に対して様々な思いがあると考えられます。例えば，「担任の先生にはとてもお世話になっているので，かえって担任の先生には話しにくい」という方もいるでしょうし，「担任の先生は頼りになりそうにない」という方もいるでしょう。

また，担任の先生にしてみても，自分のクラスの保護者が，校内の他の教員と面談しているという状況はいろいろと考えてしまうことがありそうです。

このようにみてみると，担任不在の場で保護者と面談することは，特別支援教育コーディネーターにとっては，いろいろと配慮が必要な難しいシチュエーションといえます。ですので，特別支援教育コーディネーターとしては，「学校として対応している」ことを前面に出すことがポイントです。

たとえ，特別支援教育コーディネーターの意見が担任の先生と異なったとしても，それを表面化させてはいけません。経験の浅い教員が担任の先生で，特別支援教育コーディネーターがベテランの場合，「担任によく言っておきます」みたいな対応をしがちです。しかし，そのような対応は，担任の立場やプライドをないがしろにしてしまいます。

特別支援教育コーディネーターは，「学校としてこのように提案します」「学校としてこのように対応します」と話すことが必要です。

仕事術 **60** 第三者的にほめる

　一方で，担任不在の場だからこそできる対応もあります。特別支援教育コーディネーターが，第三者的な立場だからこそできる対応だともいえます。

【担任の代わりにほめる】

　直接ほめられるより，第三者に間接的にほめられる方が効果的な場合もあります。

> 【第三者的にほめる例】
> ・「担任の先生が〇〇さんのこういうところをほめていましたよ」
> ・「〇〇さんのお母さんは，子どものことを一生懸命考えている保護者の方と聞いていますよ」

　話し合いがスムーズに進むだけではなく，担任への印象がよくなるという効果が生まれます。

【保護者の不満を代わりに聞く】

　もしかしたら担任に対する不満を，保護者は口にするかもしれません。
　そのようなときは，適当に聞き流して，別の話題に切り替えるようにするとよいでしょう。適当に聞き流すのが難しい場合は，不満を言っているときは，「あなたの言っていることに同意はできないけれど，気持ちには共感しますよ」というスタンスがベターです。特別支援教育コーディネーターが担任の悪口に同調してしまうのは，最悪の対応です。

面談をスムーズに進める方法

仕事術
61

保護者の意見を聞いて，
心理的なバリアを下げる

「相談窓口」には，保護者の意思で相談に来るばかりではありません。学校から「一度，特別支援教育コーディネーターとも相談しませんか？」と，保護者が呼び出されるケースもあります。

そして，実のところは，学校で何かしらのトラブルになっているケースが多いのではないでしょうか。トラブルになっているケースだと，心理的なバリアを張ってくる可能性もあります。

【よくある保護者の心理的なバリア】

・「何か家庭のたりないところを指摘されるのでは？」

・「私が先生にしかられるのでは？」

このように保護者がバリアを張っている場合は，建設的な話し合いになる確率は低くなります。

特別支援教育コーディネーターは，子どものよりよい支援の方法を保護者と共に考えていくための「相談窓口」です。まずは，「保護者の方のご意見をうかがわせてください」と，保護者の意見を聞くことから始めましょう。そうすることで，保護者のバリアは一気に下がります。

「建設的な話し合いをしていくための下地づくり」と心得ましょう。

面談をスムーズに終わらせる

「まだ面談続いているみたいだよ。もう３時間になるよ」

職員室でこのような声がささやかれることもめずらしくありません。

面談をどのようにして終了させるか，苦手な先生が多いのではないでしょうか。面談を上手に終わらせるテクニックをご紹介します。

【時間枠を設定する】

「今日は16時30分から次の打ち合わせがありますので，面談は16時25分までとしたいのですがよろしいでしょうか」と，あらかじめ時間を設定します。

ちなみに，スクールカウンセラーは，このような時間枠を設けて面談することが基本です。上手なやり方を教わるとよいでしょう。

【校内放送で呼び出してもらう】

同僚の先生に「16時になったら校内放送で呼び出して」と頼んでおくことも手段として考えられます。途中で打ち切りやすくなります。

【次回予約制にする】

今日はここまでとして，次の予定をその場で聞いて，次回の面談日を設定して終わりにするとスマートな終わり方となります。

面談だけでなく，電話対応などでも活用することができます。

教員の働き方の面からも，長時間の面談については，もっと改善を考えていかなければなりません。

保護者に理解啓発を図る方法

仕事術 **63** ポジティブ表現に言い換える

　特別な支援が必要なのに，「うちの子どもは，発達障害ではない！」と，保護者の理解が得られず，適切な支援につなげることのできないケースがあります。

　有名人が自らの障害をカミングアウトするなど，「発達障害」という言葉がだいぶめずらしくはない時代になってきています。しかし，いくら「発達障害」という言葉の垣根が下がったとはいえ，保護者の受け止め方は「多様」です。わが子だけはそうであってほしくない，認めたくないと思う保護者の気持ちは，くみとっていかなければなりません。

　学校からは，子どもに対しての適切な支援についての理解啓発を図っていくことが大切です。1回行ったからよしとするのではなく，継続的に行っていくことが大切です。

　特別支援教育の理解啓発パンフレットなどには，「○○できない子ども」「○○が苦手な子ども」など，「できない」「苦手」というようなマイナスな言葉を使って書かれているものが，よくあります。

　しかし，保護者の多様な受け止め方を前提とすると，このようなマイナス表現に，よいイメージをもたない保護者がいることも考えられます。

　例えば，「コミュニケーションをとることが苦手な子どもへの支援」ではなく，「コミュニケーションがうまくとれるようになるための支援」とポジティブに言い換えたらどうでしょうか。同じ意味でもだいぶ印象が変わります。

仕事術 64 保護者会に同席する

　支援を必要とする子どもが，クラスの中で暴力的な行動をしたり，授業を妨害するような行動をしたりしてしまう場合，他の子どもや保護者からの苦情に発展することもあります。

　保護者に対して，クラスにそのような支援が必要な子どもがいるということを，丁寧に説明していくことが求められます。例えば，保護者会の場で，担任やその子どもの保護者から，子どもの状態やどのような支援をしているのかについて説明をして，理解を求めるということが考えられます。

　学校がそのような場を設定して丁寧に説明することで，保護者の不安がやわらぐこともあります。これもひとつの「理解啓発」の場づくりです。

　基本的には，そのような支援が必要な子どもも含めて，あたたかく見守っていくことができるようなクラスづくりを行っていくことを示していくとよいでしょう。

　さて，このような保護者会にて，その子どもの保護者から，子どもの状態について説明してもらう場合は，細やかな配慮と事前準備が必要です。

　そのような場に立たされる保護者の立場を想像してみましょう。すごいプレッシャーがかかるはずです。ですので，事前に一緒に読み原稿をつくったり，担任からもフォローの言葉を用意したりするなどの配慮と事前準備を行っていきましょう。

　そして，このような場面こそ，特別支援教育コーディネーターが同席することが有効です。クラスだけでなく，学校全体で，支援が必要な子どもをしっかりサポートしているという印象を与えることができます。そのような印象は保護者の安心感にもつながります。

対応で疲れた心を回復させる方法

仕事術 65　嫌な気持ちを客観視する

　教員という仕事そのものが，対人関係のストレスが多い職業であるといわれています。その中でも特に，「保護者対応」にストレスを感じる先生が多いといわれています。

　保護者に気分を害されるような言動をとられることもあるでしょう。「まったく！　なんでそこまで言われなきゃいけないんだ！」と，思いつつも，もちろん仕事ですから，我慢しなければならないものです。

　さて，このようなときに，「マインドフルネス」の知見を生かしてみるのはどうでしょうか。

　マインドフルネスは「今，ここ」に意識を向けるものです。

　「まったく！　なんでそこまで言われなきゃいけないんだ！」と憤っている自分を客観視するのです。「あ，自分は今，保護者に嫌な感情を抱いているなあ」と自分が今，考えていることを客観視できたら，マインドフルネスです。

　つまり，「今，私は，保護者にこんなことを言われて……な気分になった」ということを頭の中で文章化すると，その乱れた感情が客観的なものとなります。モヤモヤしたものは手放せませんが，客観的なものは手放すことができます。

　ストレスをため込むのではなく，手放していくスキルも，特別支援教育コーディネーターの仕事術のひとつです。

境界線を引く

特別支援教育コーディネーターを任される先生というのは，面倒見のよい先生であることが多いのかもしれません。

面倒見のよい先生は，「がんばりすぎてつらくなってしまう」傾向があります。特別支援教育コーディネーターの場合は，「支援が必要な子どものためにがんばらなくちゃ」「先生方の役に立てるようにしなくちゃ」「保護者の気持ちに応えなくちゃ」と，無理をしてしまうこともあるでしょう。

しかし，自分をすり減らしてまで，特別支援教育コーディネーターの仕事に邁進することは，周りの先生方にとっても本意ではないはずです。

自分をすり減らしてしまっているな，と感じたら，仕事の仕方を見直すチャンスなのかもしれません。もしかしたら求められている以上のことをしている可能性があります。

携帯電話の販売店の窓口で例えるなら，「お客様のため」といって，自費で新しいスマートフォンを購入してあげるようなことです。これは，求められている以上のことをしているといえるでしょう。

特別支援教育コーディネーターとしての仕事がオーバーワークに感じられるようになったら，まず「自分の仕事はここまで」と境界線を引いてみるのがよいでしょう。

特に，保護者との対応においては，境界線を引くことは大切です。あくまでも仕事として対応するために，例えば勤務時間外の対応や，プライベートに踏み込まれるようなやりとりは避けるべきです。

6章

引き継ぎの仕事術

- ■保育園・幼稚園から小学校に進学の引き継ぎ方法
- ■小学校から中学校に進学の引き継ぎ方法
- ■中学校から高等学校に進学の引き継ぎ方法
- ■通常の学級から特別支援学級へ転学の引き継ぎ方法
- ■通常の学級・特別支援学級から特別支援学校へ転学の引き継ぎ方法

保育園・幼稚園から小学校に進学の引き継ぎ方法

 最大の山場「就学時健康診断」を
きっかけとする

保育園・幼稚園から小学校への入学に際して，とても不安な気持ちになる子どもや保護者がいます。丁寧に引き継ぎをすることで，子どもの学校適応に関するリスクを未然に防止することにもつながります。

保育園・幼稚園に通っている子どもが，小学校デビューする最初の場面は「就学時健康診断」です。小学校側ではこのときに，子どもの具体的な様子が見えてきます。

就学時健康診断では，子どもの健康状態だけではなく，コミュニケーションスキルも見ることができます。例えば，高学年の子どもが，就学する子どもとペアになって案内することがよくありますが，このペアでの様子は「コミュニケーションスキル」の情報として，とても参考になるでしょう。ペアでのコミュニケーションに課題がある子どもは，学校での集団適応でもリスクが高い可能性があります。

保育園・幼稚園側からすでに特別な支援が必要だと思われる子どもの情報があったら，就学時健康診断の際に管理職と面談できるようにしましょう。子どもの支援を入学前に検討するきっかけとなりますし，保護者の安心感にもつながります。その際に，特別支援教育コーディネーターが同席することも有効です。

一方で，4月に入学すると途端に成長を見せる子どももいますので，入学前の様子から過度に心配しない方がよいこともあります。

たくさんある情報共有の場を生かす

【教育委員会での就学相談】

　特別支援学級や特別支援学校，または通級による指導を考えている子ども
は，教育委員会にて「就学相談」を受けます。

　就学相談は，夏頃から年末にかけて行われますが，入学直前になっても，
なかなか就学先が決まらないこともあります。小学校側の特別支援教育コー
ディネーターは「もしかしたら4月から本校に入学するかも」という情報を
集約できるようにしておくとよいでしょう。

【保育園・幼稚園からの引き継ぎ】

　保育園・幼稚園と小学校の間では「就学支援シート」のような引き継ぎ書
類をやりとりします。小学校側では，これを基にして「個別の教育支援計
画」を作成することになります。保育園や幼稚園からの「就学支援シート」
を基に作成することで，「連携がとれた」「一貫した」支援となります。

【保育園との連携】

　保育園については，学校の夏休み期間もやっているところがほとんどです
ので，小学校の先生は夏休み期間を利用して，保育園に子どもの様子を観察
しに行くのはいかがでしょうか。

　これは単に対象となっている子どもの観察だけではなく，近隣の保育園と
連携を図る上でも大切なことです。小学校の教員として，保育園の子どもた
ちがどのように生活を送っているのかを知ることは，いわゆる「小1プロブ
レム」の対策にもつながります。

小学校から中学校に進学の引き継ぎ方法

 申請する支援についてリストアップする

「個別の指導計画」や「個別の教育支援計画」を基にした引き継ぎの仕組みを整えていくことが基本です。しかし，書類のやりとりだけでは，実際には不十分です。

【小学校から中学校に進学する際によく言われること】

「小学校では学級担任が全部できるけれど，中学校では教科で先生が変わるから，小学校で行ってきた支援のようなことはできませんよ」

たしかに，同じようにはできないこともあるでしょう。しかし，中学校での支援を望む場合は，「合理的配慮」（8章参照）として，「どのような支援をしてほしいのか」を，保護者が中学校に申請することができます。

小学校で行ってきた支援，それから中学校で必要となると予想される支援について，保護者と共にリストアップしていく作業を行いましょう。

中学校側は，その支援の申請を受けて，できる支援とできない支援を検討していくことになります。「合理的配慮」として申請されたものについては，中学校は適切に検討しなければなりません。検討もせずに「それは無理です」と門前ばらいすることは，「障害のある人への差別的な扱い」となりますのでご注意ください。

仕事術 70 学習面・生活面は具体的な状況を引き継ぐ

学校間の引き継ぎにおいては，主に「学習面」と「生活面」の情報をまとめておくとよいでしょう。

【学習面の引き継ぎ】

LD（学習障害）の診断を受けている子どもについては，「話す・聞く・読む・書く・計算する・推論する」の観点について，「どの程度の状況なのか」「具体的に支援や配慮が必要なのか否か」を伝えていきます。

> 【「書くこと」が苦手な子どもの支援パターン例】
> ・板書を書き写すことが苦手なため，タブレットで写真を撮ることを認めています
> ・板書を書き写すことは苦手ですが，板書の文字を大きめにすると書きやすくなります
> ・板書を書き写すことは苦手でしたが，できるようになってきています。現在は，本人・保護者と相談の上，特に配慮はしていません

【生活面の引き継ぎ】

特に，中学校への引き継ぎ段階では，そもそもの障害から引き起こされる二次的な状況（例：「周りとのコミュニケーションがうまくとれなくて不登校になっている」）についても，経緯を含めて，伝えることができるようにするとよいでしょう。

中学校から高等学校に進学の引き継ぎ方法

仕事術 71 少しずつ「本人」が支援を決定できるようにする

中学校卒業段階は，支援の在り方そのものについて，大きな変化が訪れる時期です。

小学校・中学校段階では，子どもにどのような支援をするのかについては，保護者と相談するのが一般的です。

しかし，高校入学時からは，本人も主体的に，自らに必要な支援について，学校側と相談していくことが求められます。

そして，高校2年生くらいからは，本人がメインとなって相談をしていくことになります。

保護者は本人が気づかない部分などを側面的にサポートする立場へと移行していきます。

中学校では，例えば三者面談等の機会を利用して，少しずつ子ども本人が，「自分にどういう支援をしてほしいか」という話し合いに参加していくように考えましょう。

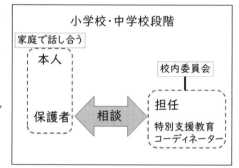

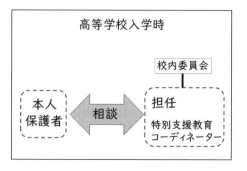

通級による指導を受けている子どもであれば，「自分にとって必要な支援の伝え方」を指導する機会をつくっておくことが大切です。

それは，その子どもへのキャリア教育の視点ともなります。

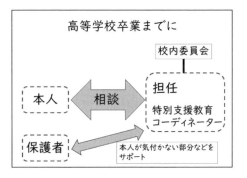

仕事術
72

卒業後も対応できるよう資料を整えておく

中学校卒業後は，子どもの進学先が多様になりますので，小学校から中学校のような引き継ぎとは若干異なります。

基本は「個別の指導計画」や「個別の教育支援計画」の書類による引き継ぎです。小学校からの引き継ぎ資料がある子どもについては，小学校からの資料も含めて高等学校に引き継ぐことになります。

進学する高等学校ごとに一覧表を作成しておくと，どの高校にどの子どものことを引き継げばよいのか「もれ」が少なくなります。

また，卒業後に，高等学校からの問い合わせがあったり，卒業した子ども本人やその保護者から相談があったりすることもあるでしょう。卒業後も対応できるように，資料を整えておくとよいでしょう。

高等学校側も，気になる子どもについては，中学校側に問い合わせるなどして，こだわることなく学校間の風通しをよくしていくとよいでしょう。

通常の学級から特別支援学級へ転学の引き継ぎ方法

仕事術 73
いくつかのステップを丁寧に踏んでいく

通常の学級には，学習面や生活面において支援の効果が得られなかったり，何かしらの不適応を抱えていたりする子どもがいることもあります。

通常の学級だけではなく，「多様な学びの場」の選択肢のひとつとして，特別支援学級に転学するという方法もあります。その子どもにとって，落ち着いて学習したり，生活したりすることのできる場を保障することを，第一に考えるべきでしょう。

通級指導教室ではなく，いわゆる「固定学級」は学籍が移る「転学」扱いとなります。特別支援学級に転学することに，心理的なハードルがある子どもや保護者もいます。比較的，保護者が転学に躊躇するケースが多いのではないでしょうか。実際に，子どもは特別支援学級に行きたいと思っていても，なかなか保護者が納得しないので話が進まないという話はよく聞きます。

ですので，特別支援学級に転学を進める場合は，子どもも保護者も納得できるように，いくつかのステップを丁寧に踏んでいきましょう。そのステップにおいて，担任だけではうまくいかないときには，特別支援教育コーディネーターがサポート役に加わるとよいです。

【まずは，見学をすすめる】

子どもと保護者が一緒に，特別支援学級がどのようなところなのかを，実際に見て確かめることが必要です。学校側としては，「こういうクラスがあ

るので，一度見学されてはいかがですか？」と，見学をすすめるところから始めるとよいでしょう。

【教育委員会に相談する方法を教える】

　特別支援学級に転学する意向があるようなら，次は教育委員会の担当に相談するステップとなります。教育委員会への相談は，必ず保護者自身がする必要があります。保護者の意思が確認できない限りは，転学に向けて手続きを進めていくことができません。

　教育委員会の担当係名，電話番号，どのように伝えたらよいかなど，保護者が具体的にわかるようにサポートしていくとよいでしょう。

よい思い出をつくれるようにする

　不適応を起こして転学することになった子どもは，もしかしたら，もともといたクラスへの嫌な思い出を引きずったまま転学することになるかもしれません。これは，あまりよい転学とはいえません。

　当たり前ですが，その子どもも，いずれは社会に出ていく存在です。子ども時代に負った嫌な思い出は，大人になったときの人格形成に影響するかもしれません。なるべく，もともといたクラスから，あたたかく送り出してもらえるようにすることが大切です。

　具体的には，例えばクラスでお別れ会をしたり，みんなで楽しく遊ぶ時間をつくったり，担任の先生とゆっくり話したりする時間を設けていくとよいでしょう。

　意外とこのような細かい配慮は気づきにくいものです。このような配慮に気づくことこそ，特別支援教育コーディネーターの仕事かもしれません。

通常の学級・特別支援学級から特別支援学校へ転学の引き継ぎ方法

仕事術 75 手続きの方法を把握しておく

　特別支援学校は，障害の種類によって「多様な学びの場」があります。

　転学のステップは，通常の学級から特別支援学級へ転学するときとほぼ同じですが，若干の違いもあります。特別支援学校への転学における一連の手続きの流れについて，特別支援教育コーディネーターが把握しておく必要があるでしょう。

【見学をすすめる】

　入学前に見学に行っていて「そのときのイメージがよくなかったから」と，転学に積極的ではない保護者もいます。しかし，実際に現在の子どもの姿を前にすると，また違った印象を受けることもあるでしょう。子どもに合った「学びの場」という視点で，最新情報を確認する意味でも，まずは学校を見学することを保護者にすすめるとよいでしょう。

【教育委員会に相談する方法を教える】

　特別支援学級に転学する場合と，特別支援学校に転学する場合とでは，教育委員会の担当係が，自治体によっては異なることがあります。教育委員会への相談は，必ず保護者自身がする必要があります。

　あらかじめ，教育委員会のどの係に連絡したらよいのか，電話番号，伝えるべき内容などを確認しておくとよいでしょう。

【両校の特別支援教育コーディネーターを含めて面談の場を設定する】

　転学する前に，通常の学級の担任，両校の特別支援教育コーディネーターで面談できる機会をつくると，引き継ぎがスムーズにいきます。

　特別支援学校は，通常の学校と比べて規模が大きいことが多いです。特別支援学校の特別支援教育コーディネーターと連絡をとり合って進めていくのがよいでしょう。

仕事術 76　保護者の思いに寄り添った言葉かけをする

　やはり多くの保護者の願いとして「障害があっても，地域の学校に通わせたい」という思いがあります。

　転学は，保護者自身も，これまでの学校での保護者同士のネットワークから離れることになります。保護者自身も「転学」することになるのです。転居とは異なり，居住地がそのままで，地元の学校コミュニティとは違う学校コミュニティに移行することは，不安なことですし，パワーのいることです。

　ですので，そのような保護者の思いを尊重し，保護者の思いに寄り添った対応が必要です。そのような「寄り添い」を特別支援教育コーディネーターが率先して行っていきましょう。

　「よく転学を決意されましたね」「これからもずっと自分の学校だと思ってくださいね」という言葉かけは，保護者の心をあたためます。

　子どものために転学することを決意するのは「当たり前」かもしれません。だからといって，「当たり前」「子どものためなのだから当然」という態度をとるのとでは，大きな違いがあるでしょう。

7章

担任支援の仕事術

- ■校内のユニバーサルデザインを推進する方法
- ■校内委員会・ケース会議で決まったことを実行に移す方法
- ■子どもと担任のニーズに対応する方法
- ■担任の先生と良好な関係を築く方法
- ■「通級による指導」を終了する方法

校内のユニバーサルデザインを推進する方法

「それユニバーサルデザインだね！」を口ぐせにする

支援が必要な子どものために「ピンポイントで行う支援」を考えていくことが基本ですが，全体指導で行われている授業を参加しやすく，わかりやすく改善していくこともまた大切です。つまり，「授業のユニバーサルデザイン」を校内で進めていくということです。

「授業のユニバーサルデザイン」とは，支援が必要な子どもにとって参加しやすい授業，わかりやすい授業になることは，クラスの他の子どもたちにとっても「参加しやすく，わかりやすい授業」になる可能性があるという考え方です。特別支援教育の考え方を，教科指導の授業改善に生かしていくといってもよいでしょう。

今，通常の学級には，一口に「障害がある」といっても，自閉症スペクトラム，ADHD，LD等の発達障害だけでなく，肢体不自由や知的障害の子どもたちもいることがあります。「障害がある」とはいえないまでも，感覚過敏の子どもや，色覚異常の子どもがいることも知られています。外国から来た日本語指導が必要な子ども，不登校の傾向があり安定して学校に通うことができていない子ども，貧困や虐待等のリスクがある子どもなどがいるクラスもあるでしょう。

本当に多様な子どもへの支援を求められています。

ですので，ある特定の子どものために「ピンポイントで行う支援」だけではなく，クラスにいる多様な子どもたちの実態に合わせて，「より多くの子

ども」にとって，わかる・できる授業を工夫していく必要があるのです。そのための授業改善のヒントが「授業のユニバーサルデザイン化」にあります。

　クラスの子どもたちの実態に応じて必要なことは変わってきますから，授業のユニバーサルデザインは，「こうすればよい」という型があるわけではありません。

　以前，「教室の前面には掲示物を貼らない」ことが「授業のユニバーサルデザイン化」だということが，学校現場に広まったことがありました。実際にはどうでしょうか。「教室の前面には掲示物を貼らない」ことで，子どもたちが授業に集中するようになったでしょうか。「教室の前面には掲示物を貼らない」というのは，掲示物があることで集中できない子どものために考えられたものです。しかし，掲示物は，何をしたらよいか「行動の手がかり」になったり，装飾することで「教室の安心感」に役立っていたりという効果もあります。掲示物があることで助かっている子どもが，実はサイレントマジョリティなのかもしれません。

　小学校の図工室のように大きな机にグループになって座るスタイルだったら，「教室の前面には掲示物を貼らない」ことは授業に集中することと何の関係性もありません。「もしかしたら，授業に集中できないのは，掲示物ではなく，ずっと前を向いて座っていなければならない授業スタイルの方に問題があるからかも」と考えることもできます。そうしたら，先生がずっと話している講義型の授業スタイルを変えて，ペアやトリオやグループでの活動を多く取り入れてみたり，子どもが自由に発言できる時間をこまめに設けたりするといった「授業改善」につなげることができます。

　つまり，「授業のユニバーサルデザイン化」の本質は，クラスの子どもの実態に合わせた「授業改善」なのです。「授業改善」の主体は教員です。教員が，子どもたち一人ひとりのことを考えて，当たり前のように行っている授業のスタイルを変革することなのかもしれません。「○○すれば授業のユニバーサルデザイン化になる」というような，小手先だけの授業改善ではありません。

授業が上手な先生は，きっと，クラスの子どもたちの実態に応じて，柔軟に授業のスタイルをアレンジしていることが多いでしょう。逆に，「今までこうやって，成果を上げてきた」ということにこだわっているベテランの先生ほど学級崩壊しやすくなるのは，目の前の子どもたちの実態に応じた授業改善ができていないところに原因があるのかもしれません。

　さて，特別支援教育コーディネーターは，校内の先生方と特別支援教育とを「つなぐ」役割をもっています。この役割からいえば，校内の先生方の取り組みと，「授業のユニバーサルデザイン」をつなぐということが大きな仕事になるかもしれません。

　校内の先生方のいろいろな実践で，多くの子どもたちが生き生きと学習できる場面を見ることがあったら，「先生のそのやり方，ユニバーサルデザインですね！」と伝えていくのはいかがでしょうか。先生方は優れた実践を無自覚にしていることが多いです。特別支援教育コーディネーターから「それ，ユニバーサルデザインですね」と言われれば，「自分のやっていることはユニバーサルデザインなんだ」と自覚できるようになるでしょう。

　特別支援教育コーディネーターから価値づけられれば，校内の「授業のユニバーサルデザイン化」が一気に進んでいくでしょう。

仕事術 78 大事な情報が「正確に」伝わるようにする

　「授業のユニバーサルデザイン」だけではなく，大事な情報が多くの子どもや保護者に正確に伝わるようにするための「ユニバーサルデザイン化」を学校で進めていくようにするとよいでしょう。

【カラーユニバーサルデザイン】

　多様な「色覚」の特性に配慮することです。例えば，黒板のチョークでは，

赤色や緑色は「見えにくい」色であるといわれています。

　また，プリントの地の色と，文字色のコントラストによって，「見えにくい」状態になることもあります。

　クラスに色覚について配慮が必要な子どもがいたら，その子どもの「見えやすさ」を確認していくとよいでしょう。

【プリントのユニバーサルデザイン】

　子どもたちが学習で使用するプリントやワークシート，テストなども，子どもによっては，文字が見えにくかったり，わかりにくかったりすることがあります。

　プリント作成の際は「文字サイズ」「書体（フォント）」に気をつけるとよいでしょう。例えば，明朝体のフォントでは「さ」が，子どもたちの書いている「さ」とは違う文字になります。最近では，「UDデジタル教科書体」というフォントもあります。子どもたちが誤読しないようなフォントを選んでいく必要があるでしょう。

【保護者向けおたよりのユニバーサルデザイン】

　保護者は毎日大量の配付物に目を通さなくてはなりません。その中から，必要な情報を確実に得ることができるように「ユニバーサルデザイン化」を学校として進めていくとよいでしょう。

　例えば，必要な情報を目立たせるために，「枠で囲む」「アンダーラインを引く」といったことは簡単に行うことができます。

　外国籍の保護者がいるクラスでは，遠回しな表現や二重否定の表現がないような「やさしい日本語」を使っていくことも考えていくとよいです。

　また，学校への提出物などは「〇月〇日まで」という締め切りを設定することで，保護者によっては，よりスケジュールを立てやすくなります。

校内委員会・ケース会議で決まったことを実行に移す方法

仕事術 79 「なぜその支援が必要なのか」を明確にする

　校内委員会やケース会議で話し合った結果，クラスで新たな指導や支援を行う必要が出てきたり，これまでの担任の先生の指導や支援の仕方を改善したりするような場合もあることでしょう。

　ベテランの先生よりは，若手の先生の方が，話し合いの結果を比較的柔軟に受け入れやすいのかもしれません。ベテランの先生は，長年培った自分のスタイルを変えることが難しいこともあります。何より，ベテランの先生に「指導や支援の仕方を変えてください」と伝える方も，気をつかいます。

　しかし，子どものためには，校内委員会やケース会議で話し合った支援策は進めていかなければなりません。

　特別支援教育コーディネーターが新たな支援策を伝えるときは，「なぜその支援が必要なのか」を明確に伝えていくことが，若手，ベテラン問わずに必要です。

　例えば，「これからGさんに配付するプリントのフォントは，ゴシック体に変える」という支援策が出てきたとします。そのまま，それを担任の先生に伝えたら，担任の先生は，その通りゴシック体に変えてくれるかもしれません。

　しかし，「Gさんは，明朝体のフォントの細い字が見えにくいことがわかりました。ですので，配付するプリントのフォントには配慮が必要です。例えば，ゴシック体のような太い文字は見やすいので有効です」と伝えたらど

うでしょうか。「それならば，板書や手書きの文字も大きく太く書くようにしよう」と，さらによい支援方法に担任の先生が気づくかもしれません。

　ポイントは，担任の先生が，さらにその子どものために支援を充実させることができるように伝えていくことです。

 ## 仕事術 80 効果が出なくてもしばらく続けて様子を見ていく

【よくある支援の中断の理由】
　「いや，やってみたんですけどね。効果がないみたいなんです。だから，やめちゃいました」

　子どもへの支援は，すぐ効果が出る場合もありますが，しばらく月日が経ってからようやく効果が見られるようになることもあります。

　子どもの立場になってみれば，ある日突然，急に何か新しい支援が始まったら，とまどいを見せることもあって当たり前です。しばらくして，その支援に慣れていくことで，やっとなじんでくることもあります。そして，その段階になって，ようやく「自分には，この支援があるとありがたいなあ」と気づくことだってあるわけです。

　したがって，何か新しい支援策を講じた際は，少し長い目で見ていくようにした方がよいです。そして，その子どもの変化の様子を記録していくと，支援に対する成果を客観的に把握することができるでしょう。

　ただし，新しい支援策を行ったことで，身体に異変が起こったり，かえって問題行動が悪化したりしてしまうこともあります。明らかに「負の効果が大きい」場合は，支援を思いきって中止することが必要です。

子どもと担任のニーズに対応する方法

仕事術 81 「私のことは私が決める」力を育てる

【「障害者の権利に関する条約」の合言葉】
「私たちのことを，私たち抜きに決めないで
（Nothing about us without us）」

　現在，わが国での「障害のある人たちへの支援」は，「障害者の権利に関する条約」に定められた内容が基本となっています。2006年に国連で採択され，2014年には日本政府も批准（条約に書かれたことを守ると約束すること）しました。

　さて，小学校では「私たちのことを，私たち抜きに決めないで」と言われても，ピンとこない先生が多いのではないでしょうか。

　小学校で「子どもに支援方法を考えさせましょう」とか「子どもを校内委員会に参加させましょう」とか，そのような強引な話をしたいわけではありません。小学校段階は，子ども自身がまだ自分自身のことをよくわからない成長の段階です。「自分にどんな支援が必要か」という意味さえ理解することが難しいでしょう。そのために小学校段階では，学校と保護者が密に連携をとっているのです。

　しかし，例えば「もっと文章がうまく読めるように一緒に考えていこうか」「もっと友達と仲良くできるようになるために，一緒に勉強していこう

か」というように子どもとかかわることは，小学生でも十分に可能です。

少しずつ「私のことは私が決める」力を育てていきましょう。

仕事術 82 担任の「子どもの支援を行うためのニーズ」に寄り添う

特に小学校では，担任の先生の授業力や学級経営力によって，支援が必要な子どもへのアプローチの質が変わってきます。

力のあるベテランの先生なら，子どもへの支援が何の違和感もなく自然にできていることがあります。それと同じような支援を，経験の浅い先生に求めても，現実的には厳しいことが多いです。

一方で，力のあるベテランの先生のクラスでは目立つことのなかった子どもが，進級して4月に経験の浅い先生が担任になった途端に，大きな学習上の課題が発見されることもあります。なぜ，担任の先生が変わった途端に大きな学習上の課題が発見されたのでしょうか。なぜ，大きな学習上の課題は，今まで気づかれなかったのでしょうか。

もしかしたら，前任のベテランの先生は，この子どもの大きな学習上の課題が表面化しないように，うまく学習できているかのようにとりつくろっていたのかもしれません。もしそうだとしたら，支援が必要な子どもに対してとても不誠実な対応をしていたと言わざるを得ません。

学校は，先生と子どもとの相互関係によって成り立っています。ですので，担任の先生の状況によって，支援の在り方を調整することや，複数の目で子どもを見ていくことが大切です。

特別支援教育コーディネーターが気をつけなければならないことは，子どものニーズだけではなく，担任の先生のニーズ，つまり，子どもの支援を行うだけの力量を観察していくことです。担任の「ニーズ」に寄り添いつつ，一緒に考えていけるサポーター役になっていきましょう。

担任の先生と良好な関係を築く方法

仕事術 83　担任の先生の「傷つきやすさ」に寄り添う

　特別支援教育コーディネーターが，特別支援教育の校内の調整役として仕事を円滑に進めていくためには，どの担任の先生とも良好な関係を築き，良好な関係を維持していけるかどうかがポイントとなります。

　ほとんどの担任の先生は，日々，子どもや保護者と向き合って，一生懸命に仕事をしています。もちろん，支援が必要な子どもにも最大限の配慮をしていることが多いです。

　しかし，誠意を尽くしているつもりでも，それが必ずしも成果に結びついたり，正しく理解されたりするとは限りません。ときには，子どもが問題行動を起こしてしまうことも，保護者から非難されてしまうことも，自信を失いかけてしまうことも，「前の担任が悪い」「保護者が悪い」と他人のせいにしたくなることもあるでしょう。

　教員の「傷つきやすさ」は，対人関係がベースにある仕事である以上，常につきまとうものです。

　ですので，特別支援教育コーディネーターは，担任の先生の「傷つきやすさ」に寄り添いつつ，担任の先生の子どもの支援への意欲を高めていくことのできる存在になっていくことが理想です。

　傾聴することで気づきを与える「共感」的な役割と，特別支援教育コーディネーターとしての業務を遂行する「解決志向」的な役割の両面を意識することで，担任の先生と良好な関係づくりを進めていきましょう。

仕事術 84 「二度断られたら，一歩下がる」くらいの バランス感覚で

「傷つきやすさ」ともうひとつ，教員は「視野が狭くなってしまいがち」な職業なのかもしれません。

クラスに支援が必要な子どもがいると，「あの子どもは全然授業についていけないんです」とか「全然友達と遊ぶことができていないんです」など，子どもの一面のみをクローズアップしがちです。

特別支援教育の基本は，「弱いところを強いところで補うこと」です。「できないこと」ばかりに目を向けるのではなく，「できること」を見つけて，それを生かしていくことが，特別支援教育では大切にされています。

しかし，担任の先生は，子どもの「できないこと」だけにどうしても目が向きやすくなります。つまり，子どもの一面のみを取り上げて問題視してしまいます。

だからこそ，第三者的な目をもった特別支援教育コーディネーターの存在は大きいのです。子どもの話を共にしていく中で，担任の先生が気づいていないことに目を向けるようにしていくとよいでしょう。

特別支援教育コーディネーターの「コーディネート」には，「調整」という意味があります。担任の先生の頭の中を整理することも，「調整」のひとつです。

また，悩みを外に出さず，自分で抱え込むタイプの担任の先生もいます。そのような担任の先生に声をかけることもまた「調整」のひとつです。

声をかけるのは，意外とパワーのいる仕事です。タイミングが悪ければ，その先生に疎まれてしまうことだってあるかもしれません。声をかけて，「二度断られたら，一歩下がる」くらいのバランスでいくのがベターです。

「通級による指導」を終了する方法

仕事術 85　通級を始めたら，「終了」のことを考える

　通級指導教室は，学習上または生活上の課題を改善するための「学びの場」です。一度通級による指導を受け始めたからといって，その後もずっと通級を利用しなければならないということはありません。ある一定の期間，通級指導教室で指導を受け，目標が達成されたならば，通級を終了できるようにしていくものです。（「通級による指導」を終了することを，ここでは「退室」と呼びます）

　今，通級指導教室を利用する子どもが増えてきています。それと同時に，なかなか退室が進まないために問題となっている学校も増えてきています。

　退室が進まないと，通級を利用する子どもが増え続けます。その結果，新規に利用できる子どもが制限されたり，教員の採用を増やさなければならなくなったりします。ですので，適切に通級の利用を始めることと，どうやったら退室できるようになるのかについて計画性をもっていかなければなりません。

【よくある「退室」が進まない理由】

・「まだクラスでずっと過ごすのは不安だから」

（クラスの担任の先生）

・「子どもが通級を楽しみにしているから，もう少し続けてほしい」

（保護者）

・「通級は楽しいから，まだ通いたい」

（子ども）

　それぞれの気持ちは理解できます。しかし，通級指導教室は，学習上または生活上の課題を改善するための「学びの場」です。その目的に則った利用をするように，特別支援教育コーディネーターが校内で共通理解を図っていくようにするとよいでしょう。

仕事術 86　通級指導教室と連携して「支援を受ける素地」を育てる

　とはいえ，実際には子どもの「学習上または生活上の課題」を改善するのはなかなか難しいものです。たとえ，通級を始めた段階で目標としていた課題を改善したとしても，また他の課題が見つかる，ということもよくあります。

　そもそも，子どもの「特性」というものは，そう簡単に改善できるものではなく，もしかしたら生涯かけてうまくつき合っていくものなのかもしれません。

　例えば，自閉症スペクトラムの「コミュニケーションの課題」は，その子どもにとっての本質的な特性です。通級による指導をずっと受けても，その本質的な「特性」が変わるわけではありません。

　ですので，「学習上または生活上の課題」の改善を図ることが難しく，なかなか通級を終了することができない子どもには，考え方を変えていかなければなりません。

　このような子どもに，通級による指導では「支援を受ける素地」を育てていくことが重要です。

　「支援を受ける素地」とは，自分のクラスで，誰かからサポートしてもら

いながら，「学習上または生活上の課題」の解決を図っていける基本的な態度のことです。「特性」そのものがあったとしても，困ったときに担任や友達に助けを求めたり，逆に素直にサポートを受けたりすることができれば，クラスの中で学習したり，自己実現を図りながら生活を送っていったりすることができるのです。

「支援を受ける素地」のポイントとして，以下のようなものが考えられます。もちろん発達段階に応じて，具体策を検討していかなければなりません。

【自己理解の力】

「自分には苦手なことや，できないこともある。けれど，こうやって人から助けてもらえれば，苦手なことやできないこともなんとかなる」ということを理解したり，納得したりできるようになることです。

> ### 【具体的な「自己理解」の例】
>
> ・黒板の字を書き写すことは苦手だけれど，タブレットを使って写真を撮れば，授業の内容をちゃんと復習することができる。テストで点数をとることもできる

ちなみに，これは「キャリア教育」で示されている「自己理解・自己管理能力」と，ほぼ同じ意味です。

【合理的配慮の知識】

8章で紹介しますが，「合理的配慮」は，通級による指導を利用している子どもにとって，これから生きていく上で，とても重要な概念です。

> ### 【子どもが学ぶべき「合理的配慮」の視点】
>
> ・困ったときは，周りの人に助けを求めてよい
> ・何に困っているのかを伝えることが，助けてもらうためには必要だ

> ・助けてもらうことは，恥ずかしいことではない
> ・何でもすべての望みがかなうわけではない。無理なこともある

　このような「合理的配慮」の考え方を，道徳科を中心とした教科学習の中で教えていくことが望まれます。「知識及び技能」として習得し，活用していく力を養いましょう。

【周囲の無理解に出会ったときの対応】

> **【「周囲の無理解」の例】**
> ・「なんでそんなこともできないの？」
> ・「みんなもやっているんだから，あなたも同じようにやりなさい」

　支援が必要な子どもたちは，学校だけではなくいろいろな場面で，周囲の「無理解」に直面することがあります。これこそ，見た目は普通な子どもたちの，最大の悩みなのかもしれません。

　「周りからの理解が得られない場面において，どう対応すれば支援してもらえるのか」が，学校生活や社会生活をスムーズに過ごしていけるかどうかのポイントとなります。

> **【必要な支援を周囲に理解してもらうためのポイント】**
> ・「どのような言葉」で伝えるか
> ・「どのタイミング」で伝えるか
> ・「どのくらいの強さ」で伝えるか

　これは，学習指導要領で示されている「思考力，判断力，表現力等」との関連を図りたいところです。

8章

実態把握の仕事術

「個別の教育的ニーズ」を検討する方法

仕事術 87
「配慮」＋「支援」をベースに「指導」を行う

　小学校3年生のHさんは，2年生のときにかけ算九九を覚えられませんでした。このままでは，3年生で学習するわり算の学習でつまずいてしまうことが予想されます。

　だからといって，かけ算九九を覚えられていないHさんだけ，わり算の授業に参加できない状況は避けなければなりません。わり算の意味や，わり算の計算の考え方は，かけ算九九を覚えられていなくてもできる「指導」です。ですので，Hさんには，計算するときだけ，手元にかけ算九九表を用意してあげるという「配慮」をしてあげればよいでしょう。

　しかし，Hさんには別にかけ算九九を覚えることができるような学習の機会を提供してあげることが必要でしょう。授業時間中に行うことは現実的には不可能です。放課後学習や通級による指導，家庭学習や学習塾などを利用することが考えられます。そこで，Hさんに合った教材でかけ算九九を教える「支援」をしてあげることができます。

　通常の学級では，3年生のわり算のように，学年ごとに行うべき学習目標や内容が定められています。しかし，その目標がうまく達成できていないときに，子どもには学習上の「配慮」（かけ算九九表を用意してあげる），「支援」（放課後学習の場を設ける，子どもに合った教材で教える）が，「個別」に必要となるのです。そして，「配慮」や「支援」が行き届いた状態だと，その学年の学習の「指導」（子どもに力をつけること）が成り立つわけです。

仕事術 88 「子どもの利益」を優先して 保護者と共に考える

通常の学級にいる「知的障害」の子どもは，当該学年の授業についていくのは困難なケースが多いです。ですので，特別支援学級への転学を保護者にすすめたいところです。

【よくある特別支援学級への転学を拒む保護者の考え】

「うちの子は勉強ができなくてもいいんです。授業についていけない？ 大丈夫です，もうあきらめています。授業中は，この低学年用の市販のドリルでもやらせてください。それで十分です。特別支援学級にだけは行かせないでください」

このような保護者の要求は，その子どもの「個別の教育的ニーズ」の視点から検討していかなければなりません。

「特別支援学級に行きたくない」というのははたして子どものニーズでしょうか。もしかしたら，保護者の「特別支援学級はうちの子どもの行くところではない」という思い込みだけという可能性もあります。

保護者は，子どもの利益を第一に考えて教育する権利と義務を有しています。

あくまでも「配慮」と「支援」をベースとした「指導」を受けて利益を得るのは子ども自身です。

子どもの「個別の教育的ニーズ」をどうやったら保障できるのかを，保護者と共に考えていかなければなりません。それが，本来的な「その子どものための配慮，支援，指導」です。

合理的配慮を適切に行う方法

「できるようにしたい」 先生方の熱い思いに寄り添う

「合理的配慮」という言葉が，学校現場にも浸透しつつあります。しかしながら，まだまだ「合理的配慮」という言葉で混乱しているのが現状だと思います。

【学校での「合理的配慮」の混乱例】

・合理的配慮とは何なのかがわからない

・今やっている「支援」とは何が違うのか

・何か基準はないのか

障害のある子どもにとって，「合理的配慮」はとても大切な考え方です。学校では，障害のある子どもに対して，どのように「合理的配慮」を進めていくのかを検討していかなければなりません。

そもそも，「合理的配慮」は，学校だけに課せられたものではありません。「合理的配慮」は，社会全体に課せられたものです。

例えば，身体に障害があって，車いすを利用している人が，レストランで食事をしたいとします。レストランが1階にあり，テーブルにも広いスペースがあるようであれば，車いすであっても，特に問題なく入店することができるでしょう。

しかし，階段でしか入店することのできないレストランだったら，レスト

ラン側から「車いすのお客様は入店できません」と断られたら，どうでしょうか。

「合理的配慮」の考え方では，最初から入店を断ることは差別として扱われる可能性が高いです。障害のある人への差別をなくすこと，そして，障害のある人が何かを利用するときに最大限配慮をすること，それが「合理的配慮」です。例えば，「車いすを持ち上げて入店できるように検討する」というのは，「合理的配慮」であるといえます。

さて，「合理的配慮」はこのような事例で説明されることが多いのですが，これを学校にそのまま当てはめようとすると無理が出てきます。

なぜなら，レストランと学校では，利用する「目的」が大きく異なるからです。

学校とは，端的に言えば「子どもが教育を受ける場」です。社会で自立できるようになるために，より生活を豊かにするために，人間としての生き方を学ぶために，子どもたちは学校で教育を受けているのです。学校を利用する目的は，「学習するため」です。この点で，「食事をとるため」が目的のレストランとは，大きな違いがあるのです。

障害があるからといって，なんでも「代わりにやってあげる」「やらなくてもよいようにしてあげる」という配慮は，「学習するため」という目的から見ると，大きな問題があります。学校における「合理的配慮」を考えるときはここがポイントとなります。

実は，多くの学校の先生方は，この矛盾に無自覚ながら気づいています。学校現場に「合理的配慮」という言葉が浸透しつつありながらも，いまだに混乱しているのは，それが理由です。

混乱している原因は，決して先生方の努力不足ではなく，「そんなに配慮したら子どもが育たないのでは」と子どものために危惧している先生が多いからではないかと思います。

学校の先生方は，障害のある子どもにだって「なんとかして子どもの力を伸ばしてあげたい」と願う職業人の集団です。

「かけ算ができない子どもがいたら，なんとかできるようにしてあげたい」と，かけ算九九表を用意したり，放課後学習の時間を設けたりすることこそ，学校における「合理的配慮」の本質です。

　ですので，「合理的配慮」を校内で推進するための一番のポイントは，「そんなに配慮したら，ますますその子はできなくなっちゃうのでは？」と心配する先生方の熱い思いをまず大切にすることです。

【子どもの実態把握のための視点】

・その子どもにとって，そもそも無理なことは何か

　（〇年生だからできるはず，がんばればできるはず，という根性論ではなく）

・その子どもが，やればできることは何か

　（他に教育的に効果があることを探す）

これを具体化してみましょう。

【「漢字を書くことが苦手で，宿題をやってこない」子どものケース】

・その子どもにとって，そもそも無理なことは何か

　→「漢字を書くこと」

・その子どもが，やればできることは何か

　→「宿題を毎日やって家庭学習の習慣を身につけること」

　このように分けて考えると，「漢字を書くこと」には「合理的配慮」が必要ですが，「宿題を毎日やって家庭学習の習慣を身につけること」は他の子どもと同じようにやってよいわけです。もちろん「宿題を毎日やって家庭学習の習慣を身につけること」は，子どもの教育上，とても意味のあることです。

　つまり，「合理的配慮」を学校で検討していくときは，まず先生方の「で

きるようにしたい」という熱い思いに寄り添うことです。「合理的配慮」によって，子どもたちの教育の質を下げることがあってはなりません。

保護者の不安な気持ちに寄り添う

　保護者から「合理的配慮をしてください」という要求があったら，まず学校として「検討」しなければなりません。「それはできません」と門前ばらいしてしまうことは，差別的な扱いとなります。

　問題となってくるのは，「学校での子どもの実態と大きくかけ離れた配慮」を要求されるケースではないでしょうか。

　しかし，この背景には，学校がどのような特別支援教育の方針を立てているか，障害のある子どもに対してどのように教育を行っていくのか，何を大切にしているのか，といったことが，保護者には見えにくい，わかりにくいことがあると思います。

　保護者の立場に立ってみれば，障害のある自分の子どもが学校でうまくやっていけるのか，将来はどうなってしまうのかなど，不安なことがたくさんあると思います。自分の子どもを心配する気持ちがあるのは当然です。

　ですので，保護者からの「合理的配慮」の要求の際に大切なのは，「保護者の不安な気持ちに寄り添う」ことなのです。

　学校としていくら筋を通したところで，保護者自身の不安な気持ちが解消されなければ，その影響は子どもにも及ぶことが予想されます。

　「合理的配慮」について，保護者と話し合いを行う際は，保護者の不安な気持ちに寄り添いつつ，具体的な支援方法を建設的に見つけることができるようにするとよいでしょう。

クラスの中で支援が必要な子どもを見分ける方法

仕事術 91
支援レベルの軽重をつける

「うちのクラスには支援が必要な子どもがたくさんいます。そういう子どもはみんな通級による指導を受けるべきでしょうか？」

通常の学級では，担任の先生１人で授業中にできる支援には，当然限界もあります。だからといって，「支援が必要な子ども」全員に通級による指導が必要かというとそうではありません。

「支援が必要な子ども」の支援のレベルを調整していくことが必要です。ここでは「多層指導モデル」を参考にしてみます。

「多層指導モデル」とは，クラスにいる子どもたちの支援レベルを，３つの「ステージ」に分けて捉えるモデルのことです。「支援が必要な子ども」が複数いる場合は，このモデルを使うことにより，子どもによって支援レベルの軽重をつけることができます。

クラスでは，どうしても行動面で大きく問題行動が目立つ子どもに，先生の注意が集中してしまいがちです。

しかし，そのような子どもにのみ目を奪われていると，「おとなしいけれど，学習に課題を抱えている子ども」には，適切な支援の手が届かなくなってしまいます。本当に支援が必要な子どもに支援が届くようにすることが大切です。

この「多層指導モデル」で注目すべきは，２ndステージの子どもです。通常の学級内での補足的な指導で学習や生活の適応を図っていくことができ

る子どもたちです。実は，支援が必要な子どもというのは，この2ndステージにいる子どもたちが多いのではないでしょうか。

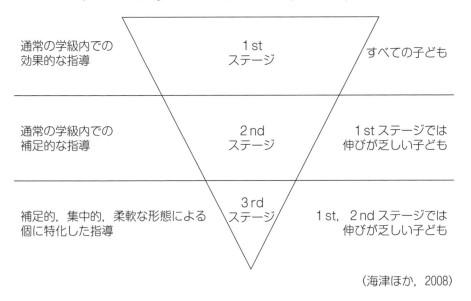

通常の学級内での 効果的な指導	1st ステージ	すべての子ども
通常の学級内での 補足的な指導	2nd ステージ	1stステージでは 伸びが乏しい子ども
補足的，集中的，柔軟な形態による 個に特化した指導	3rd ステージ	1st，2ndステージでは 伸びが乏しい子ども

(海津ほか，2008)

仕事術 92 各ステージに応じた適切な支援方法を考える

ですので，まずは，全体指導をわかりやすくすることで，2nd，3rdステージの子どもが参加できるようにします。

また，2ndステージの子どもには，机間指導を増やしたり，問題量を調整したりする支援ができるようにします。

通級による指導を利用するべき子どもは，3rdステージの子どもです。

子どもと先生のミスマッチを防ぐ方法

「子どもによって」支援方法を変えていく

支援が必要な子どもに対して，次のどちらの指導が有効でしょうか。

・一つひとつ手順を示してあげる方がよい
・まずは全体像を見せてあげる方がよい

結論から言うと，どちらがよいかは，子どもによって違います。

「一つひとつ手順を示してあげる」と理解しやすくなる子どもは，「継次処理型」といえます。「継次処理」とは，情報を1つずつ時間的な順序によって処理していくことです。

一方，「まずは全体像を見せてあげる」と理解しやすい子どもは，「同時処理型」といえます。「同時処理」とは，情報の関連性に着目して全体的に処理していくことです。

つまり，「継次処理型」の子どもには，授業のときも「一つひとつ手順を示してあげる」支援が有効です。そして，「同時処理型」の子どもには，「まずは全体像を見せてあげる」支援が有効となるのです。

逆にいうと，「同時処理型」の傾向が強い子どもに，「継次処理型」の支援方法を用いてもうまくいかないことが多いです。反対に，「継次処理型」の傾向が強い子どもに，「同時処理型」の支援方法を用いてもうまくいかないものです。

自らのタイプを認識し，指導に生かす

　教師自身が「継次処理型」と「同時処理型」のどちらなのかを知っていると，子どもの支援に役立つことがあります。

　なぜかというと，教師は「自分はこのやり方がわかりやすいから，子どももこのやり方がわかりやすいはずだ」という，自分基準の錯覚に陥りやすいからです。

　例えば，「継次処理型」の傾向が強い先生は，運動会のダンスを指導するとき，振付を最初から一つひとつ教えていこうとします。「継次処理型」の先生は，自分がこのように最初から一つひとつ積み上げていくことが得意なので，子どもたちにもそのように指導すればよいのではないか，という錯覚に陥りやすいのです。

　先生と同じ「継次処理型」の子どもばかりなら，相性がよい指導かもしれません。しかし，クラスに「同時処理型」の傾向が強い子どもがいたらミスマッチとなります。そのような「継次処理」の指導では，全体像がわからず，うまく学ぶことができません。

　一方，「同時処理型」の先生は，同じように運動会のダンスを指導するときに，一度にすべてを説明しようとする傾向があります。同じように，先生と同じ「同時処理型」の子どもばかりならよいかもしれませんが，「継次処理型」の子どもがいたら「一つひとつ振付を順番に教えてくれないとわからない」となるわけです。

　先生は自分がどちらのタイプかをまず認識した上で，それとは違うタイプの指導もできるように意識していきましょう。

不登校の子どもへの支援方法

「学校に登校する」という結果のみを目標としない

　これまで，不登校の子どもへの支援といえば，教員が家に迎えに行ったり，定期的に家庭訪問をしたり，放課後に登校できるようにしたりということが一般的に行われてきました。

　これらの支援は，「学校に登校する」という結果のみを重要視していたともいえます。子どもが学校に登校できるようになったら，よかったよかったメデタシメデタシとなっていたのではないでしょうか。つまり，不登校の子どもへの支援は，学校に登校できた段階で終了していたことが多かったのです。

　このような学校での不登校支援の考え方も，変えていく時代となりました。

　これからの学校での不登校支援のポイントは，学校に登校することだけを目標にしないことです。もっと，子どもの将来の生活を見通して，「社会的に自立すること」を目標に考えていかなければなりません。

　なぜなら，子どもにとって学校にいる期間というのは，長い人生の中で見れば「子ども時代」の一定の期間だけだからです。そもそも，学校は子どもたちを社会的に自立できるようにするための「学びの場」であるはずです。

　ですので，「学校に登校できるか，できないか」を不登校支援の中心に置くのではなく，その子どもにとって「社会的に自立することを目指す教育をいかに行っていくか」を，これからの不登校支援のスタンダードとして考えていかなければなりません。

仕事術 96 子どもの発達の課題や特性に応じて支援策を考える

　具体的な支援の方策には，柔軟さが必要です。

　例えば，不登校になりやすい子どもの特性として，「心理的に緊張しやすく，不安になりやすい」「自分の思う結果が得られず，学習への意欲や関心が低くなる」というようなことが見られます。

　「心理的に緊張しやすく，不安になりやすい」子どもであれば，小集団の場から少しずつ集団参加を図る方法が有効でしょう。「自分の思う結果が得られず，学習への意欲や関心が低くなる」子どもであれば，まずは成功体験を積み重ねていけるような支援が必要です。

　このような支援を学校で行うことができる子どもであれば，これまでのように，教員が家に行ったり，あるいは放課後に登校できるようにしたりして支援を行うことが妥当です。

　しかし，子どもによっては，学校ではない場所（フリースクールなど）に通って支援を受けることが妥当な場合も考えられます。また，子どもによっては，不登校の時期を「休養」や「自分を見つめ直す時間」として積極的に意味づけすることが大切な場合もあります。

　つまり，子どもの発達の課題や特性に応じて支援していくことが求められるのです。まさに，個に応じる特別支援教育の考え方と同じです。

　ちなみに，不登校の子どもへの支援についての法的な位置づけについては，以下を参照してください。
・「義務教育の段階における普通教育に相当する教育の機会の確保等に関する法律」（通称「教育機会確保法」）
・「不登校児童生徒への支援の在り方について（通知）」（文部科学省　2019）

日本語指導が必要な子どもへの支援方法

心理検査だけに頼らず，できるところから実態把握をする

【多様な「日本語指導が必要な子ども」の例】
・両親とも外国籍の子ども
・お母さんが外国籍で，家庭ではお母さんの国の言葉を使う子ども
・海外での生活が長い子ども

　日本語がわからないことに加えて，「どうやら発達の課題もあるのではないか」と疑われる子どもについて，特別支援教育コーディネーターは対応に苦慮することがあります。

　例えば，小学生で海外からやってきたＩさんは，日本語がわからないだけでなく，授業中に教室の外に出たり，奇声をあげたりする様子が見られます。最初のうちは，「Ｉさんははじめての日本の学校で，日本語にも慣れていないから，なかなかクラスへの適応行動がとれないのかな」と思われていました。しかし，１年経っても２年経っても，日本語で話したり聞いたりできるようになりませんし，クラスでの適応行動もとれません。

　心理検査で客観的なデータがほしいところですが，心理検査は日本語で標準化されていますので，Ｉさんの場合は検査を行うことも難しいです。

　ですので，Ｉさんのようなケースでは，行動観察や家庭での様子，母語の獲得状況などを手がかりに実態把握をしていくことになります。

仕事術 98 子どもの言語発達を保障していく

　今度は，小学校1年生で海外からやってきたJさんのエピソードです。父親は日本人ですが，母親は外国人です。Jさん自身は，母親の国の言葉を使っていて，日本語はわかりません。発達に課題はないようですが，やはり日本語で友達とコミュニケーションをとることは難しいですし，授業も別対応が必要です。

【よくある担任から保護者へのアドバイス】
　「学校で日本語を話すことができるように，家庭でもなるべく日本語で話すようにしてください」

　担任の先生は，「1日もはやく，日本語がわかるようになってほしい」と願っています。ですので，このようなアドバイスをしてしまいがちです。
　実は，特に幼児期から小学校段階の「子どもの言語発達の側面」から見ると，これは不適切なアドバイスなのです。
　人間の言語形成には，「母語」が必要です。お母さんと家庭で話す言葉が「母語」となります。母語が十分に発達しないうちに，第二言語である日本語を話すように強要されてしまうと，その子どもは母語も日本語も中途半端な状態になってしまうことがあります。(「ダブルリミテッド」といいます)
　幼児期から小学校段階では，「子どもの言語発達の側面」を支えること，そして日本語でなくても友達と仲良く過ごすことのできるクラスづくりを考えていくことを基本とするとよいでしょう。

HSC・ギフティッドの子どもへの支援方法

仕事術 99 「感覚の過敏さ」には，個別に配慮する

「感覚が人一倍過敏な子ども」のことを「ハイリー・センシティブ・チャイルド（HSC）」といいます。HSCは，病名でも診断名でもありません。心理学的，社会的な子どもの見方のひとつです。最近，HSCに関する情報が書籍やテレビ，インターネットなどで広まってきており，保護者の興味や関心も高まっています。

学校という場は，「刺激」という点から見ると，非常に刺激の強い場であるといえます。様々な感覚が，その子どもにとってとても耐えきれない，ということは実際にあり得ます。

【HSCの困りポイント例】

・リコーダーの甲高い音に耐えられない（聴覚の過敏）

・他の人がさわったものにさわるのは気持ち悪い（触覚の過敏）

・本当は立候補したいけれど，友達の視線が気になって譲ってしまう

（人の気持ちへの過敏）

もし刺激が強いことが原因で，学校の活動に前向きになれないのであれば，個別に配慮してあげることが望ましいです。

仕事術 100 適切に認め，安心して力を発揮できる場を保障する

　「ギフティッド」とは，ずば抜けた素質があったり，ずば抜けた力量を示したりする子どもたちのことをいいます。日本でも「多様性」が認められる世の中になりつつあることで，「ギフティッド」への関心も高まってきています。

　「ギフティッド」の子どもは，心理検査の IQ はとても高い値を示します。しかしながら，発達の偏りがあるため，学校生活において不適応を起こしてしまうことがあります。ギフティッドの子どもも，HSC の子どもと同様で，学校での困りポイントは人それぞれです。

【ギフティッドの困りポイント例】

・小学校 1 年生で，すでに 6 年生までの漢字を覚えてしまっていたり，4 桁の数まで理解できていたりするので，授業に興味をもとうとしない

・授業で扱った物事にとても興味や関心がわいてしまい，いつまでもその物事のことを考えており，次の活動に移れない

　学校が本当に「一人ひとりの子どもを大切にする」ことを目指しているのであれば，このような子どもたちへの配慮についても，考えていかなければなりません。

　特別支援教育の基本は「弱いところを強いところで補う」ことです。ギフティッドの子どもには，この基本が当てはまります。まずは，ずば抜けた素質や，ずば抜けた力量を適切に認め，安心して力を発揮できる場を保障できるように考えていくとよいでしょう。

参考文献

・日本国際秘書学会秘書事例研究会　著／高橋眞知子　編著『先輩がやさしく書いた　「秘書の仕事」がよくわかる引き継ぎノート』中経出版　2013年

・山中伸之　著『30代，40代を賢く生き抜く！　ミドルリーダーのための「超」時間術』明治図書出版　2018年

・菅野純　監修／菅野恵・藤井靖　編著『公認心理師必携　スクールカウンセリングの「困った」を解決するヒント48』大修館書店　2019年

・朝倉隆司　監修／竹鼻ゆかり・馬場幸子　編著『教師のためのスクールソーシャルワーカー入門　連携・協働のために』大修館書店　2019年

・今津孝次郎　著『いじめ・虐待・体罰をその一言で語らない　教育のことばを問い直す』新曜社　2019年

・中野民夫・森雅浩・鈴木まり子・冨岡武・大枝奈美　著『ファシリテーション　実践から学ぶスキルとこころ』岩波書店　2009年

・堀公俊・加藤彰　著『ファシリテーション・グラフィック　議論を「見える化」する技法』日本経済新聞出版社　2006年

・文部科学省「共生社会の形成に向けたインクルーシブ教育システム構築のための特別支援教育の推進（報告）」2012年

・関根健夫・鈴鹿絹代　著『公務員の窓口・電話応対ハンドブック』学陽書房　2013年

・藤井英雄　著『怒りにとらわれないマインドフルネス』大和書房　2019年

・片岡美華・小島道生　編著『事例で学ぶ　発達障害者のセルフアドボカシー　「合理的配慮」の時代をたくましく生きるための理論と実践』金子書房　2017年

・古田薫「教育的な『ニーズ』とは何か：『ニーズ』概念に関する考察」『教育行財政論叢』第9号　2005年
・清水貞夫・西村修一　著『「合理的配慮」とは何か？　通常教育と特別支援教育の課題』クリエイツかもがわ　2016年
・海津亜希子・田沼実畝・平木こゆみ・伊藤由美・Sharon Vaughn「通常の学級における多層指導モデル（MIM）の効果—小学1年生に対する特殊音節表記の読み書きの指導を通じて—」『教育心理学研究』2008年56巻4号
・藤田和弘　著『「継次処理」と「同時処理」学び方の2つのタイプ　認知処理スタイルを生かして得意な学び方を身につける』図書文化社　2019年
・フリースクール全国ネットワーク・多様な学び保障法を実現する会　編『教育機会確保法の誕生　子どもが安心して学び育つ』東京シューレ出版　2017年
・臼井智美　著『ことばが通じなくても大丈夫！　学級担任のための外国人児童生徒サポートマニュアル』明治図書出版　2014年
・長沼睦雄　著『子どもの敏感さに困ったら読む本　児童精神科医が教えるHSCとの関わり方』誠文堂新光社　2017年
・J.T. ウェブ，E.R. アメンド，P. ベルジャン，N.E. ウェブ，M. クズジャナキス，F.R. オレンチャック，J. ゴース　著／角谷詩織・榊原洋一　監訳『ギフティッド　その誤診と重複診断　心理・医療・教育の現場から』北大路書房　2019年

【本書の執筆にあたり，ご協力いただいた先生】
東京都東村山市立萩山小学校　大塚まり先生

【著者紹介】
増田　謙太郎（ますだ　けんたろう）
東京学芸大学教職大学院准教授。
東京都町田市出身。東京都内公立小学校教諭（特別支援学級担任），東京都北区教育委員会指導主事を経て，現職。専門はインクルーシブ教育，特別支援教育。

【著書】
『「特別の教科　道徳」のユニバーサルデザイン　授業づくりをチェンジする15のポイント』（明治図書）
『「音楽」のユニバーサルデザイン　授業づくりをチェンジする15のポイント』（明治図書）

特別支援教育コーディネーターの仕事術100

2020年8月初版第1刷刊　Ⓒ著　者　増　田　謙　太　郎
2024年7月初版第6刷刊　　発行者　藤　原　光　政
　　　　　　　　　　　　発行所　明治図書出版株式会社
　　　　　　　　　　　　http://www.meijitosho.co.jp
　　　　　　　　　　（企画）茅野　現　（校正）嵯峨裕子
　　　　　　　　　　〒114-0023　東京都北区滝野川7-46-1
　　　　　　　　　　振替00160-5-151318　電話03(5907)6702
　　　　　　　　　　　　　ご注文窓口　電話03(5907)6668

＊検印省略　　　　　　　　組版所　長野印刷商工株式会社

Printed in Japan　　　　　ISBN978-4-18-293618-0
もれなくクーポンがもらえる！読者アンケートはこちらから